너를 만나 선생이 되었다

너를 만나 선생이 되었다

너를 만나 선생이 되었다

이해영·김성호·이희훈·조당을·강성아·김혁선·김혜진·박서린
박하은·유예진·이아롬·이정은·이종하·최지원·한송희 지음

이해·임우진·최윤우 그림

아이들의 말과 행동에는 이유가 있습니다. 장애나 발달 지연에 의한 행동 문제로 단정하기보다, 아이가 온몸으로 전하는 심리·정서적 표현을 세심하고 면밀하게 관찰해야 합니다. 특수교사는 가능성의 관점에서 교육의 장벽을 없애는(Barrier Free) 역할을 합니다. 바로 소행성 선생님들의 교육 경험을 나눈 『너를 만나 선생이 되었다』는 문제를 문제로 보이지 않게 하고, 보이는 것을 보이지 않게 하는 전문가들이 선사하는 울림과 공명을 전합니다. 통합교육의 화두인 문제 행동 이면에 아이가 진짜 하고 싶은 말이 무엇인지 읽고, 이를 반영한 수업을 통해 아이와 소통하고 문제를 예방할 수 있는 동행자로서 교사도 함께 성장하는 존재라는 것을 깨우쳐 줍니다. 이 책은 아이의 행동을 '기능'만이 아닌 '의미'로 해석하고 관계를 여는 회복의 시간을 선사하며, 아이의 행동에 대한 이해와 인정, 관계를 여는 소리 없는 진동과 회복의 시간을 마주하게 합니다.

-국립한국교통대학교 유아특수교육학과 교수_박소영

우리가 만나는 모든 이들의 뒤에는 그 삶의 역사가 있습니다. 지금 나는 왜 이 자리에서 이런 삶을 살고 있을까? 수많은 만남이 떠오릅니다. 그럼에도 좋은 선생님을 만나지 못했다면, 결코 지금의 나는 없었을 것이라는 생각이 듭니다. 좋은 선생님은 어떤 분들이었나 떠올려 보면, 마

음을 알아준 선생님이 아니었을까 결론이 지어집니다. 까칠한 말이나 문제 행동이 있는 아이들을 바라보며, '아이에게 무슨 일이 있었고, 지금 무슨 일이 일어나고 있는 것일까?' 하는 사랑하는 마음, 겸손한 호기심으로 문제 너머 아이의 삶을 바라보고자 했던 선생님이었습니다.

이 책은 이해영 선생님이 아이의 마음과 '소통'하고자 했던 따뜻한 이야기로 만들어졌습니다. 소행성(소통으로 바람직한 행동을 성장시키는 연구회) 선생님들이 서로 울고 웃으며 나누었던 이야기가 담겨 있습니다. 그리고 이제는 책을 통해 세상과 소통하려는 꿈을 품고 있습니다. 마치 같은 길을 같은 마음으로 걸어가고 있는 수많은 선생님들과 부모님들에게 전달된 한 편의 사랑의 편지처럼 느껴집니다. 그 소통을, 마음을 다해 응원합니다. 나 역시 그 길을 같은 마음으로 걸어가는 한 사람이라고 감히 말하고 싶습니다.

-한서중앙병원장, 경기도교육청 행동중재지원센터장_지구덕

이번 열정 있는 교사들이 보내주신 『너를 만나 선생이 되었다』 원고를 읽으며 저는 절로 미소가 나오는 것을 느꼈습니다. 이렇게 아이들을 사랑하고 위하고 고민하는 선생님들이 많다는 것에 기쁘기도 했습니다.

문제를 일으키는 아이들의 행동에는 나름의 이유와 해결의 실마리가 있으며, 그 과정을 함께하는 선생님들의 땀과 노력이 보입니다. 특히 이해영 선생님은 저와는 인연이 많지요. 젊은 교사 시절에 통합교육이라는 주제로 처음 만났고 지금도 장애인들의 사회통합을 고민하며 의견을 나누고 있지요.

이 책이 학교와 사회에서 장애 학생들의 통합교육과 나아가 사회통합의 길이 확장되고 자리 잡는 데 하나의 씨앗이 되길 바랍니다. 선생님들과 아이들이 함께 가꾸는 교실이, 서로의 향기를 품은 꽃들처럼 아름답게 피어나길 바랍니다. 선생님들에게 박수를 보냅니다.

-(사)꿈너머꿈 대표이사_전선주

인공지능이 교육의 속도를 흔드는 시대지만, 그 속에서도 변하지 않는 것이 있습니다. 아이의 행동 너머에서 들려오는 마음의 신호를 읽고, 기다리며 함께 걸어가 주는 교사의 존재입니다. 『너를 만나 선생이 되었다』는 저자들이 현장에서 부딪히며 발견한 그 '본질'을 따뜻하게 담아낸 책입니다. 장애 아이들의 행동을 단순한 문제로 보지 않고 한 사람의 삶으로 맞이할 때 비로소 일어나는 작은 기적들이 잔잔한 이야기로 깊은 울림을 줍니다.

책 곳곳에는 발달장애 작가들의 그림이 실려 있어, 한 아이의 가능성을 믿고 지켜보는 일이 어떤 아름다운 열매로 이어지는지 생생하게 보여줍니다. 빠르게 변하는 기술의 흐름 속에서도 교육의 힘은 결국 사람의 사랑과 소통에서 비롯된다는 사실을 다시 일깨워 줍니다. 기술의 시대 속에서 교사의 본질과 교육의 참 의미를 고민하는 분들에게 꼭 권하고 싶은 책입니다.

-『수업의 본질』 저자_김태현

학생을 깊이 이해하려는 교사의 시선이 얼마나 강력한 변화를 만들어 내는지, 이 책은 구체적인 사례를 통해 명확하게 보여줍니다. 현장에서 '얘들아 프로젝트'를 운영하며 배운 가장 중요한 사실은, 아이의 행동은 이유 없이 나타나지 않으며 그 이유를 함께 찾아가는 과정이 교육의 본질이라는 점입니다. 책 속에 담긴 세밀한 기록들은 교사와 가정이 한 방향을 향해 소통하며 아이의 변화를 만들어 낸 실제적 증거입니다. 보이지 않는 자리에서 꾸준히 관찰하고 연구해 온 교사들의 노력은 절대 가볍지 않습니다. 이 책은 현장 교사들에게 실질적 방향을 제시하는 동시에, '이해하는 교육'이 무엇인지 다시 생각하게 만드는 든든한 길잡이가 될 것입니다. 기쁜 마음으로 추천합니다.

-얘들아 프로젝트 디렉터, 특수교사_이신영

이 책을 많은 선생님들과 학부모들이 읽을 수 있게 된다면 참 좋겠습니다. 세상에 이렇게 좋은 선생님이 많다는 것에 대한 감동과 더불어 장애를 가진 아이도 할 수 있는 게 많다는 것을 많은 분이 알게 되기를 소망합니다. 교사의 따뜻한 시선과 소통하고자 하는 열정을 통해 '누구든지 할 수 있다'는 것을 보여주는 여러 사례가 담겨 있어 더 값지고 소중합니다.

이 책을 안 읽은 사람이 없게 널리 널리 알려지면 좋겠습니다.

-이해 작가 어머니_최희선

드러난 결과보다 상황을 이해하는 선생님, 아이에게 맞는 소통 방법을 찾기 위해 한 번 더 생각하는 선생님, 문제 행동 뒤에 숨겨진 가능성을 발견해 내는 선생님, 현장에서 쌓은 지혜를 동료들과 나누며 함께 성장해 나가는 선생님…. 그런 선생님을 만난 것이 우리 아이에게 얼마나 큰 행운이었는지 모르겠습니다. 내 눈엔 우리 아이만 보였으므로, 유독 우리 아이만 사랑받는 줄 알았는데, 오해였나 봅니다. 그동안 만난 한 명 한 명의 장애 학생들을 얼마나 존중해 주셨고 또 진심으로 사랑해 주셨는지 책을 읽으며 더 깊이 느꼈습니다.

장애 학생, 특수교사, 학부모 모두가 따뜻한 마음으로 소통하고 서로를 신뢰하는 데에 이 책이 요긴하게 쓰임 받을 것을 확신합니다.

-작가, 발달장애아 학부모_추둘란

책을 읽는 동안 아이의 마음을 들여다보는 듯한 순간들이 여러 번 찾아왔습니다. 발달이 더딘 아이도 손톱만큼씩 자라듯, 작은 변화들이 모여 어느새 큰 걸음이 된다는 사실이 마음에 깊이 남습니다. 아이가 보여주는 행동 하나에도 이유가 있고, 그 흔적들이 모두 소중하다는 것을 조용히 일깨워 주는 책입니다. 읽고 나면 오래도록 마음이 따뜻해집니다.

-히하우 대표_이미경

이해 작가 | **RAINBOW** | 아크릴 | 60.6 × 60.6cm | 2025

프롤로그

그동안 내가 만났던 제자들은 나에게 사랑과 기다림과 꿈을 주었고 그 시간들은 나를 좋은 교사로, 또한 멘토로 성장시켜 주었다.

1990년대 초반 첫 발령지에서 만난 나의 첫 제자는 자폐성 장애아인 동현이었다. 네 살 때부터 언어치료, 작업치료, 사회성 훈련을 꾸준히 받아왔지만, 상호작용이 거의 이루어지지 않아 울음과 떼쓰기가 반복되었고 학교 적응에 어려움이 있었다. 그런데 통합학급 친구 지영이를 만나면서 착석이 가능해지고 놀랍게도 자발어가 나오기 시작했다. 이 경험으로 인해 '통합교육'이라는 키워드가 나에게 들어왔다. 이후부터 지금까지 물리적 통합이 아니라 진정한 의미의 심리, 정서적 통합을 위해 다양한 프로그램을 개발하고 연구하며 저서와 강의를 통해 통합교육 현장을 지원하고 있다.

나에게 다가온 두 번 째 키워드는 '수업'이다. 교사라면 누구나 '수업'에 대한 고민이 있다. 나 역시 더 좋은 수업에 대한 고민이 있었기에 수업 성찰 동아리를 만들어 수업에 대해 연구했고 요청 장학을 통해 내 수업을 수도 없이 공개했다. 이러한 과정을 통해 수업은 소통이며 행동의 문제를 예방할 수 있는 중재 전략임을 까닫게 되었다. 그런데 아이가 보이는 심각한 행동의 문제 앞에서 수업에 대한 나의 열정은 꺾였고 좌절을 경험하곤 했다. 그래서 '문제 행동'이라는 세 번째 키워드가 나에게 들어왔고 그 이후 지금까지 행동 중재에 대해 연구하고 함께 공부하며 교원, 학부모, 지원인력 대상으로 긍정적 행동 지원 연수를 진행하고 있다.

이렇게 교사로서의 나의 삶에 들어온 '통합교육', '수업', '문제 행동'이라는 키워드는 나와 동료 교사들을 성장시켰고 아이들의 변화와 성장을 지켜볼 수 있게 만들었다.

지금 나에게 와닿은 키워드는 '소통'이다. 고직 10년 차 무렵, 울고 떼쓰고 자해하는 승용이의 손을 잡고 마주 앉았는데 아이의 머리 위에 말풍선이 떠 있는 듯했다.

'대체 난 언제 집에 가요?'

'지금은 뭘 하나요?'

'나를 어디로 데려가는 거예요?'

'제발 나에게 알려주세요.'

아이는 자신의 의사를 전달할 적절한 표현 방법을 찾지 못해 울부짖고 있었다. 지금은 다양한 AAC(Augmentative and Alternative Communication, 보완·대체 의사소통) 도구가 나와 있고 연수도 많지만 그 당시에는 그렇지 않았다. 외국 사례와 논문을 읽어가며 이미지를 포함한 일과표를 만들고 개인별 의사소통 도구를 제작하여 아이와 소통하기 시작했다. 놀랍게도 일과를 이해하는 것만으로도 울고 떼쓰기가 줄어들었고 이동이 쉬워졌다. 점심시간에 식판을 던지던 아이는 미리 식단을 알려주는 것만으로도 식판 던지는 행동의 빈도가 줄었다. 아이들이 보이는 문제 행동은 개별적이고 다양하나, 각자에게 맞는 소통 방법을 찾아 소통했을 때 아이들의 문제 행동은 줄어들었고 드디어 아이 안에 있는 가능성들이 드러나는 것을 수없이 지켜보았다. 그래서 교사로 지내온 시간 동안 내가 가장 중요하게 여긴 것은 '아이를 바라보고 질문하는 것'이었다. 아이가 다양한 문제 행동을 보일 때, 드러난 문제만을 바라보는 것이 아니라 아이의 내면을 깊이 바라보며 나와 아이에게 다양한 질문을 해나가는 과정을 통해 아이의 마음이 읽어지기 시작했다.

'그만하고 싶구나.'

'배가 고프구나.'

'할 수 있는데 선생님 반응을 살피는구나.'

'아프구나.'

⋮

아이의 마음을 읽기 위해선 깊이 들여다봐야 하고 무수히 많은 질문을 해야 한다. 이 여정은 나와 아이를 성장시켰고 아이가 내 품 안에서 떼쓰기를 멈출 수 있었던 힘이었다.

세월이 지나 경력 교사가 되면서 나의 시선은 아이뿐 아니라 후배 교사들에게로 향했다. 아이가 보이는 다양한 문제 행동으로 인해 소진된 교사, 학부모와의 관계에서 어려움을 토로하는 교사, 더 좋은 수업을 위해 고민하는 교사들이 보이기 시작했다. 첫 발령 때는 선배도 멘토도 없어 외롭고 힘들었기에 이제는 누군가의 멘토가 되어야겠다는 마음이

들었다. 그렇게 만난 교사들과 다양한 연구회를 운영하였고 현재 소행성(소통으로 바람직한 행동을 성장시키는 연구회)에서 교사들과 현장의 고민을 나누며 서로의 성장을 돕고 있다.

소행성 연구회는 행동 중재 전문가들이 다수 포함되어 있지만 행동 중재 전문 연구회는 아니다. 단지 내가 만난 아이를 더 잘 이해하고, 더 잘 소통하며, 바람직한 행동을 지도하여 결국 아이의 사회적 통합을 돕고자 하는 데 목표를 두고 있다. 그래서 이 책에 사회적 통합을 향해 달리고 있는 발달장애 작가 이해, 임우진, 최윤우의 그림도 함께 실었다. 더 많은 발달장애 작가를 만나길 원하고 제자들의 삶을 축복하며 응원하고 싶다.

이 책의 초고에는 다양한 사례와 행동 중재 전략 및 관련 이론이 풍부하게 담겨있었다. 그러나 이 책을 읽는 교사와 학부모, 그리고 아이를 만나는 모든 분들이 아이가 보이는 행동 이면에 아이가 진짜 하고 싶은 말이 무엇인지 바라보고, 질문하고, 발견하기 위한 '소통'에 집중하시길 바라는 마음으로 중재 전략 및 이론의 대부분은 덜어내고 '소통'을 주제로 한 에세이 부분만 모아 한 권의 책으로 출간하게 되었다. 소통하기 위해 아이를 바라보고, 질문하고, 기다리는 여정은 참으로 기대되고 흥분된다. '모든 아이들은 성장한다'라는 믿음으로 오늘도 이 길을 묵묵히 가고 있는 이들에게 존경과 사랑의 마음을 전하고 싶다.

2025년 12월

유쾌한 샘, 이해영

차례

해보자, 친구야!

조용하고 차분한 아이

4학년 1반의 화평이는 조용하고 차분한 아이였다. 사람들은 그런 화평이가 혼자 있는 걸 좋아할 거로 생각했지만, 아이는 늘 관심 어린 눈빛으로 친구들을 지켜봤다. 물론 또래 친구들의 거칠없는 행동과 큰 목소리를 조금 버거워하는 듯했다.

화평이는 사물함 문이 닫히는 소리나 급식 차를 끄는 소리, 특정 영상 속 캐릭터의 목소리 등 몇몇 소리에 민감하게 반응했다. 또 '시합', '팀', '시작', '이겨라' 같은 특정 단어들도 좋아하지 않았다. 4학년 통합학급의 담임 선생님과 친구들은 학기 초부터 이런 화평이의 모습을 잘 이해하고 배려해 주었다. 그래서인지 화평이는 점차 마음을 열고 친구들과 어울리기 시작했다.

그럴 수 있어

감사하게도 통합학급 담임 선생님은 화평이가 싫어하는 캐릭터가 나오는 영상 자료는 피하여 대체 자료를 준비하거나, 싫어하는 장면이 나올 때마다 화평이에게 미리 알려주어 아이가 마음의 준비를 할 수 있도록 해 주셨다. 그리고 화평이가 적절히 의사를 표현할 수 있도록 지도해주셨다. 예를 들어 "영상 보기 힘들어요. 잠깐 복도에서 쉬다 올래요", "너무 놀랐어. 조용히 해 줘"라고 말할 수 있도록 수시로 연습하게 했고, 화평이는 잘 따랐다.

화평이가 싫어하는 단어가 사용될 때는 지원인력이 다른 단어로 대체하여 전달하였다. 예를 들어, '팀'은 '모둠'으로, '이겨라'는 '해보자'로, '시작'은 '출발'이라는 단어로 바꾸어 알려주었다. 다만 선생님과 친구들은 자유롭게 그런 단어를 말하고 행동할 수 있다고 수시로 설명해 주었다. 이러한 노력 덕분인지 싫어하는 단어나 행동이 나와도 싫다고 소리 지르지 않고 "그럴 수 있어", "나는 싫지만, 친구는 좋아해"라는 말로 자신을 다독이며 넘어가곤 했다.

화평이의 부모님께서도 매일 학교생활에 대해 아이와 꾸준히 대화하고 교사와 상담했던 내용을 가정에서 지도해주셨다. 그 결과, 학교에서 겪는 어려운 상황을 받아들이는 아이의 태도가 빠르게 안정되기 시작했다. 아울러 정기적으로 대학 병원에 진료받으러 갔을 때는 학교에서 생활하며 겪는 어려운 일에 대해 교사와 함께 점검하고, 관련 정보를 의료진과 공유하여 약물치료를 병행했다.

화평아, 한번 해보자!

특수학급에서는 늘 다른 아이들이 수업받고 있어서, 통합학급에 지원 나갈 일은 사실 별로 없다. 나는 가끔 시간표를 조정하여 화평이네 반 통합학급 수업에 지원할 기회를 만드는데, 그 시간이 매우 즐겁다. 우리 반 아이들의 통합학급 생활을 직접 살펴볼 수 있고, 통합학급 수업에 더 적극적으로 참여하도록 직접 지원할 기회이니 말이다. 더불어 통합학급 친구들과 이야기 나눌 수 있는 귀한 시간이기도 하다.

오늘은 4학년 1반이 운동장에서 발야구를 하는 체육 수업이 있는 날이다. 열정적인 선생님이 수업을 이끌고, 사랑스러운 4학년 1반 아이들을 만나는 시간이어서 설레는 마음으로 운동장에 나갔다.

아이들은 화평이와 내가 운동장에 도착하자 앉을 자리를 내어준다. 그리고 편을 둘로 나누자, 서로 화평이랑 같은 팀을 하겠다고 가위바위보까지 한다. 화평이는 작년까지만 해도 느리게 오는 공도 무서워하며 도망가기 바빴는데, 이런 친구들 덕분에 이제는 무서워하지 않고 발야구 수업에 참여하게 되었다. 친구들은 화평이가 예민해지지 않도록 조용히 격려하고 응원해 준다.

기다린 끝에 화평이가 공을 차야 할 시간이 왔다. "화평아, 잘할 수 있어! 해보자!" 응원하는 소리는 싫어하지만, "해보자"라는 말을 좋아한다는 것을 4학년 1반 친구들은 이미 알고 있다. 화평이는 친구들의 격려를 듣고 천천히 일어섰다. 세 번 도전한 끝에, 화평이가 공을 제대로 찼다. 살살 차서 공은 멀리 가지 않았지만, 오히려 멀리서 수비하던 친구들이 공을 잡으려고 헐레벌떡 뛰어올 수밖에 없었다. 화평이는 그 사이 1루에 무사히 도착했고, 3루에 있던 친구는 홈으로 들어와 득점을 올렸다.

"와! 화평이가 최고다! 네가 해냈어!"

1루 근처에서 스탠드 쪽을 보니, 친구들이 모두 일어나 화평이를 진심으로 응원하고 있었다. 화평이는 쳐다보지도 않고 관심 없는 척했지만, 나는 분명히 친구들의 응원에 기뻐했을 거라고 믿는다.

드디어 3루까지 기적적으로 도착했다. 홈으로 들어갈 수 있을까? 정작 화평이의 표정은 평온한데, 아이의 손을 잡은 내가 더 긴장했다. 화평이와 같은 편인 친구들도 두 손을 꼭 쥐고 숨죽여 지켜보았다.

뻥! 다음 타자의 공이 하늘 높이 오르자, 나는 화평이와 함께 홈으로 있는 힘껏 달렸다.

"세이프! 1점 득점!"

체육 선생님의 목소리에 화평이와 같은 팀인 아이들은 만세를 외치며 화평이에게 달려와 꼭 안아주었다.

"화평이 덕분에 2점이나 득점했어! 화평아, 너 진짜 최고야!"

아이들은 신이 났는데, 화평이는 조용히 다시 스탠드로 가 앉았다. 우리 화평이는 어디에서든 사랑받을 만큼 참 예쁜 아이다. 그런데 오늘은 4학년 1반 친구들 모두가 유난히 더 사랑스럽고 예쁘게 보인다. 화평이의 인생에 아름다운 시간이 흐르고 있음에 감사하고, 그 순간을 함께할 수 있어 참 행복하다.

감사한 마음으로 계속…

특수교사에게 통합교육은 교직 생활을 마칠 때까지 풀어가야 할 숙제일 것이다. 특수교사 대부분은 여러 학년의 아이들을 한 학급에서 가르치기 때문에, 통합학급에서의 학습이나 교우관계를 직접 살피기가 쉽지 않다. 그런데도 이렇게 긍정적인 학급 분위기 속에서 통합교육이 잘 이루어지는 모습을 마주하면, 담임 선생님과 친구들에게 늘 감사한 마음이 든다. 그 마음을 간직하며 남은 한 해도 계속 열심히 지원하고, 다른 학급들에도 관심을 기울여야겠다.

'친구에게 말 걸기' 프로젝트

친구를 좋아하지만, 친구를 사귀는 데 필요한 사회적 기술이 부족한 화평이를 위해 1년간 '친구에게 말 걸기' 프로젝트를 진행했어요. 계획적이고 반복적인 프로젝트를 통해, 스스로 친구에게 말을 걸기 시작했습니다.

월	월별 목표	준비물
3, 4	"안녕? ○○아, 좋은 아침이야." 이름 부르며 인사하기	(선물) 친구 이름이 적힌 스티커를 붙인 지우개
5, 6	"○○아, 어제 뭐했어?" 이름 부르며 어제 있었던 일 물어보기	(선물) 좋은 문구가 새겨진 연필
9, 10	"○○아, 좋아하는 간식이 뭐야?" 질문 목록 만들어 친구에게 질문하기	(선물) 친구가 좋아하는 간식
11, 12	스스로 친구에게 말 걸기	(선물) 손난로

이해 작가 | 숨자 | 아크릴 | 70 × 50cm | 2025

잘하고 싶어서
그러는 거라고요!

우리 반이 된 영찬이

"아이고, 또야?"

"영찬이 때문에 너무 힘들어요. 오늘은 건들지 말아야지…."

영찬이 주변에서는 이런 말들이 자주 들려온다. 어느 정도 인지력도 있고 말귀도 알아듣는 듯하지만, 강박적으로 특정 행동이 나타나면 우리 영찬이는 주변 사람들의 따가운 시선, 지친 한숨에도 아랑곳하지 않고 온갖 떼를 쓴다. 때로는 울고 소리치다가 픽 쓰러져서는 숨넘어간 척도 한다. 특수교사나 통합학급 담임교사가 아무리 상황을 전환하려 해도 끝까지 자신이 원하는 것을 관철하고야 만다. 결국, 부모님께 연락해 오시도록 해야 일이 마무리되곤 했다.

그런 영찬이가 4학년 때는 우리 반 학생이 되었다. 그동안은 옆 반 아이라 문제를 일으켜도 중재할 수 없었는데, 이제는 달랐다. 한편으로, 나는 기대도 되었다. 영찬이의 행동을 어떻게든 긍정적으로 변화시켜보겠다고 다짐했다.

영찬이의 요구

영찬이가 통합학급에서 가장 자주 보이는 행동은 바로 학습지를 교체해달라는 요구였다. 조금이라도 글자가 마음에 들지 않거나 학습지가 구겨지거나 찢어지면, 영찬이는 그것을 받아들이지 못했다. 그럴 때면, 영찬이는 통합학급 담임교사에게 끝까지 바꿔 달라고 징징대며 떼를 썼다.

어쩌면 그때마다 원하는 대로 학습지를 바꿔주는 게 더 쉬운 방법일지도 모른다. 하지만 언제까지나 그 요구를 들어줄 수는 없었다. 오히려 그 행동을 증가하게 만들 뿐이었다. 게다가 학습지를 교체해 준 다음도 문제였다. 영찬이가 학습을 마무리할 때까지 반 친구들 모두 기다려야 해서, 다음 학습 과정을 진행할 수가 없었다.

그뿐만이 아니었다. 그룹 활동이나 게임을 하다가도 조금만 자기 뜻대로 되지 않으면, 금세 남을 탓하거나 처음부터 다시 해야 직성이 풀렸다.

주변 친구들과 선생님은 점점 지쳐갔고, 때로는 화난 기색을 드러내

기도 했다. 그래도 큰 문제 없이 1학기가 잘 마무리되어 가고 있는 줄 알
았다.

담임 선생님의 고백

어느 날이었다. 통합학급 담임 선생님이 영찬이에 대해 이야기를 나
누자고 했다. 영찬이가 그동안 보인 행동 때문에 너무 힘들다며 눈물을
보였다. 그 눈물은 쉽게 멈추지 않았다. 미술, 과학, 놀이 시간 등 전반적
인 상황에서 보인 강박, 고집, 짜증, 억지 요구 등의 행동에 더는 어떻게
해야 할지를 모르겠고 아이들 앞에서 영찬이를 대하는 게 너무나 힘든
듯했다.

"선생님, 저도 정말 선생님과 함께 영찬이를 잘 지도해 보려고 노력
해 봤는데요…. 언제 터질지 모르는 시한폭탄을 끌어안은 것 같아요. 항
상 긴장되고 두려워요. 두렵고 불안해서 매 순간 힘들었어요"라며 힘들
게 고백했다.

나는 담임 선생님의 고백에 충격을 받았다. 그동안 영찬이가 특수학
급에서 보인 모습만 보고 잘 생활하고 있다며 착각했었다. 종종 지나
가다 마주칠 때 물어보면 담임 선생님은 늘 잘하고 있고 괜찮다고 말
했는데, 그 말을 곧이곧대로 믿고 더 신경을 쓰지 않은 것 같아 후회스
러웠다.

병원 상담을 권했다

나는 바로 학부모님께 전화를 드렸다. 그리고 개별화 교육지원팀 협의회를 열었다. 그 자리에서 부모님께 이처럼 간곡히 부탁드렸다.

"영찬이가 지적받는 행동들은 영찬이 잘못은 아니에요. 영찬이는 과제를 하지 않으려는 게 아니라 더 잘하고 싶어서 보이는 행동이잖아요. 그런데 영찬이 마음속 불안은 영찬이 혼자 조절하기에는 너무 버거워 보여요. 교육적 지원뿐 아니라 의학적인 방법도 찾아서 영찬이를 도와주는 게 좋을 듯해요. 그걸 어른들이 도와주지 않으면 영찬이는 스스로 너무 힘들 뿐 아니라 다른 친구들과의 관계에서도 점점 더 힘들어질 거예요. 그리고 죄송하지만 당분간 특수학급에서만 수업하면서 영찬이를 중재하고, 이후에 차근히 통합을 시도하는 게 어떨까요? 지금 이 상태로 다시 통합학급에서 생활하기에는 힘든 상황이 될 것 같아요."

이런 이야기를 하면서 나도 모르게 눈물이 흘렀다. 열심히 하려는 영찬이와 그런 영찬이를 불안한 마음으로 지도했던 담임교사, 모두의 마음이 느껴졌기 때문이다. 결국, 영찬이가 바뀌어야 했다. 그러려면 학교에서 점진적으로 강박 문제를 해결하려고 노력하고, 아울러 영찬이가 적극적인 병원 상담과 처방이 함께 이루어져야 교육적인 지도가 가능할 것이라는 생각을 간절한 마음으로 전했다.

모두 하나 되어 노력했다

나는 부모님 두 분을 채팅방에 초대했다. 그리고 종종 일상 이야기를 나누기 시작했다. 영찬이가 힘들어하는 점과 좋아진 점, 그리고 부모님께 협조를 바라는 점 등을 매일 공유하고 함께 고민했다. 영찬이 부모님도 아이 먼저 생각하기로 했다. 결국, 전문의와 상담하여 약물치료를 시작했다.

약물의 효과를 부모님과 매일 점검하면서 학교에서도 교육적인 지원을 시작했다. 영찬이는 우리와 맺은 행동 계약을 기억하고 지키려 노력하기 시작했다. 영찬이가 좋아하는 포켓몬이라는 캐릭터 스티커나 컵라면 등으로 노력과 성과를 보상해 주었다. 그렇게 약 3주가 흐르고 영찬이와 통합학급 친구들이 다시 함께했다.

처음에는 하루에 한 시간씩만 통합학급에서 수업을 받았다. 별문제가 발생하지 않고 영찬이도 함께 잘 지내게 되면, 점차 통합학급에서의 수업 시간을 늘려가기로 했다. 두 시간, 세 시간…, 통합학급에서 아이들과 함께하는 시간이 늘었다. 그리고 마침내 예전처럼 계속 통합학급에서 친구들과 함께 지낼 수 있게 되었다.

영찬이는 매일 문제를 일으키지 않겠다는 마음으로, 긴장하며 조심히 행동했다. 병원과 학부모, 통합학급 담임교사와 특수교사, 관리자 모두가 힘을 모아 영찬이가 바르게 성장하도록 노력했다. 그 결과, 친구들과 어울리는 방법을 조금씩 배워가며 4학년을 잘 마무리하게 되었다.

한 번도 미워한 적 없었다

미운 오리 새끼였던 영찬이, 하지만 난 영찬이를 한 번도 미워한 적이 없었다. 그저 품고 싶었다. 미운털 박히지 않고 친구들과 무사히 하루를 지냈으면 하는 부모의 마음, 교사의 마음으로 함께했다. 문제 행동을 하는 아이들, 그 아이들도 그러고 싶지 않을 것이다. 그런데 그게 마음처럼 잘되지 않기에 힘이 들 것이다.

학교 현장에 있다 보면, 우리 아이들을 바라보는 시선이 때로는 따갑게 느껴질 때가 있다. 어쩌면 그 아이에게 가해지는 자극과 주어진 환경이 오히려 아이를 힘들게 했을 수도 있는데 같이다. 나는 특수교사로서 통합학급 교사와 지속적으로 소통하여 학생이 문제 행동을 일으키는 환경을 분석하고, 관련 전문가들이 함께 중재 전략을 수립해야 학생을 더욱 효과적으로 지원할 수 있음을 깨달았다.

미운 오리 새끼, 영찬이가 어디서나 사랑받그 빛나는 백조로 자라나길 바란다.

이럴 땐 어떻게 하면 좋을지 함께 생각해 볼까?

영찬이는 조금만 마음에 들지 않으면, 곧바로 울음을 터뜨리는 아이였습니다. 인지력을 갖춘 학생이어서 상황이 발생할 때마다 사고하는 방법, 해결하는 방법을 수시로 상기하도록 지도했습니다. 이러한 과정은 학생이 어려운 상황에 맞닥뜨렸을 때 자기 생각과 행동을 조절하는 데 도움이 되었습니다.

상황	나의 생각	나의 행동
마음에 들지 않아 계속 고치고 싶을 때	'과제를 끝내야 할 시간은 정해져 있다.'	틀린 것을 딱 한 번만 수정한다.
화가 나서 울거나 짜증내고 싶을 때	'울고 떼써봤자 해결이 안 되는구나.'	심호흡하고 진정하며 선생님과 해결 방법을 함께 찾는다.
게임에서 지거나 모둠 활동에서 불만이 생겼을 때	'게임에서 이기고 지는 것은 실력이 아니라 운이다.'	이긴 사람을 축하해 준다.

이해 작가 | **네모세모동그라미 가족**　아크릴 | 116.8 × 91cm | 2025

너의 도전을
응원해

새로운 시작

나는 그동안 특수학교에서만 근무했다. 그래서 유치원 특수학급에 처음 출근하게 되었을 때는 설렘과 긴장으로 잠을 이루지 못했다. 출근일을 손꼽아 세며 '잘할 수 있어!'라고 되뇌었지만, 솔직히 마음 한편의 두려움을 잠재우기는 쉽지 않았다. 하지만 낯가리는 선생님에게 스스럼없이 다가오는 아이들을 만나자 두려움은 금세 사라졌고 아이들과 함께 보낼 한 해가 기대되었다.

학기가 시작되자마자 많은 선생님들이 특수교사인 나를 찾아와 상담을 요청했다. 대부분은 반 아이들의 돌발 행동을 보고 특수교육 대상 유아가 아닌지 묻는 내용이었다. 하지만 아직 아이를 직접 보지 못한 상황에서 섣불리 대답하기는 조심스러웠다. '이 곳에는 특수교사가 나 혼자뿐이구나. 내 의견이 긍정적이든 부정적이든 그 영향이 크겠구나.' 이런 생각이 들었고, 아이들의 행동을 쉽게 단정하지 않겠다고 다짐했다.

울음이 많은 민수

민수와의 첫 만남도 하원 후 상담으로 시작되었다. 만 3세, 11월생인 민수는 눈물로 의사를 표현하는 아이였다. 등원할 때도, 하원할 때도 민수는 늘 울었다. 우는 이유는 다양했다. '가방을 메고 있겠다', '잠바를 벗지 않겠다', '화장실에 들어가지 않겠다', '급식을 먹지 않겠다', '장난감 배열이 틀어져 있다.' 등 사소한 일에도 울음을 터뜨렸다. 이런 아이의 상황을 매일 들었지만, 학기 초반이고 민수에게도 적응 기간이 필요하다고 생각해 특수교육 대상자 신청은 미뤘다. 그러나 결국 민수는 5월부터 특수교육 대상 유아로 우리 반에 배치되었다.

특수학급에 오는 첫날, 역시나 민수는 울면서 등원했다. 새로운 교실로 들어오자 오히려 울음은 더 거세졌다. 불안했는지 바닥에 우유를 쏟거나 바지에 소변을 보는 등 이전에는 없던 행동까지 보였다. 처음 만났을 때, 나는 알 수 있었다. 저런 행동으로 전하려는 신호의 의미를…. 민수는 '낯선 곳은 싫어요', '익숙한 집에 가고 싶어요'라고 아우성치며 말 대신 몸으로 표현하고 있었다.

목표를 향해 한 걸음 한 걸음

나의 첫 번째 목표는 민수가 유치원 생활에 잘 적응하도록 돕는 것이었다. 이때 나는 고민에 빠졌다. '민수가 얼른 적응하도록 가방과 외투 벗기, 자기 물건 정리하기, 화장실 사용하기 등을 한 학기에 걸쳐 하나씩 알려줄까?' 아니면, '초반어 힘들더라도 단계별 수행 방법을 한꺼번에 알려주고 반복해 익숙해지도록 할까?' 고민은 오래가지 않았다. 자폐 아동은 한 번 익숙해지면 쉽게 바꾸기 어려운 특성이 있기에 시간이 걸리더라도 단계별로 규칙을 반복해 알려주자고 생각했다.

우는 아이의 어깨에서 가방과 외투를 벗기고, 아이가 순응하기를 바라면서 손을 잡고 함께 정리했다.

"가방은 민수 사진이 있는 여기에 넣자."

"물병은 여기에 올려두자."

"외투는 옷걸이에 걸어보자"

이렇게 하루하루 연습을 이어갔다. 민수와 함께 일과를 반복한 지 2주쯤 지났을 때였다. 민수가 등일하면서 자기 물건을 정리하려는지 정리 장 앞에 서서 나를 바라보았다. 그때부터는 해야 할 일들을 말로 하나씩 알려주었다.

그렇게 또 2~3주가 지나자, 민수가 정리 장에 자기 물건을 스스로 정리하기 시작했다. 정말 놀랍고 기뻤다. 가방을 벗고 물병을 꺼낸 후, 가방을 사물함에 넣는 민수의 모습은 아직도 잊히지 않는다. 처음으로 혼자 하겠다고 용기를 낸 민수가 너무나 대견했다. 이 일을 계기로 민수

는 한 학기 동안 급식 먹기와 화장실 사용하기 등을 차근히 도전하며
유치원 생활에 적응해 나갔다.

누구든 처음은 어렵다

시간이 지나 되돌아보니 민수는 용기 내어 도전하면서 차츰 바뀌어
갔다. 화장실에 들어간 이후 기저귀를 차지 않게 되었고, 식판에 밥을
받아 한 입 먹은 후 유치원에서 점심 먹기에 도전할 수 있었으며, 천사
점토를 처음 만져본 후에는 다양한 촉감 놀이에 관심을 보이기 시작했
다. 이처럼 도전하고 경험을 쌓으며 민수는 대소변을 가리고 밥을 스스
로 먹을 수도 있게 되었다. 다만 낯선 공간에 들어가거나, 익숙하지 않
은 도구로 밥을 먹는 일은 시간이 조금 더 필요했다.

누구에게나 처음은 어렵다. 교사인 나도 처음은 늘 두려운데, 생전 처
음 가족 없이 홀로 유치원에서 하루를 보내야 했던 민수는 얼마나 두려
웠을까? 낯선 경험에 익숙해지도록 기다려주그 도전과 용기에 아낌없
는 칭찬을 보내주면 아이들은 낯선 환경에서도 스스로 적응하며 성장
한다. 그리고 그때, 아이는 깨닫게 될 것이다. 자신도 할 수 있다는 것을!
무엇이든 도전해 볼 용기를 지녔다는 것을!

단계별 수행 및 시각적 순서도 제공

새로운 활동을 어려워하는 민수에게는 완벽한 수행을 목표로 하기보다, 단계별로 수행 목표를 정하고 조금씩 수행 수준을 높이는 데 중점을 두었습니다. 또한 과제를 완수할 때마다 적절한 강화물을 제공하며 동기를 북돋웠습니다. 아울러 시각적 순서도를 함께 제시해 활동의 구조를 명확히 하고, 예측 가능성을 높이는 방식으로 접근했습니다.

1단계: 가방 벗기
2단계: 가방 벗기 + 소지품 정리
3단계: 가방 벗기 + 소지품, 가방 정리

이해 작가 │ **덕수궁 안에서 거울을 보고 있는 가족** │ 아크릴 │ 90.9 × 72.7cm │ 2025

너를 다시
만난다면

내 말을 듣지 않는 아이

초등학교 3학년 예준이는 내가 특수학교에서 교과 전담 교사로 재직하던 때 만났다. 예준이를 처음 만났을 때, 지금도 기억에 남은 장면이 있다. 넘어진 책상과 널브러진 학용품, 그리고 담임 선생님과 예준이가 실랑이하는 모습이다. 예준이는 덩치가 크고 힘이 세서, 나는 남교사인 담임 선생님처럼 대응할 수 없었다. 그래서 내 수업 중 상황이 격해지면 담임 선생님께서 교실로 오셔서 예준이를 진정시켜야 했다.

그러다 보니 예준이의 상황이 가장 불안정했던 3월과 4월에는 담임 선생님께서 늘 대기하며 함께해야 했다. 예준이는 자기가 무서워하는 선생님과 그렇지 않은 선생님을 구분하는 듯했다. 나는 후자로 여겨 내 말을 잘 듣지 않았던 것이다. 내 수업 시간에 일어난 일은 내가 해결해야 하는데 그러지 못해 마음이 불편했다.

공격하는 예준이

예준이는 책상, 의자, 학용품과 같은 물건을 던지고 손톱으로 교사의 손, 팔, 얼굴 등 신체 부위를 쥐어뜯거나 공격하며 문제를 일으켰다. 대부분 원하는 것이 충족되지 않을 때 문제 행동이 발생했다.

예준이는 눈썹을 찌푸린 후, 바로 공격 행동을 보였다. 그래서 그런 전조 행동이 보이면 모든 활동을 중단하고, 안전을 위해 예준이를 다른 학생들과 분리했다. 얼른 예준이를 교실 한편에 있는 매트 위로 보냈다. 예준이가 이동하기 어려울 정도로 불안정할 때는 교실에 예준이와 나만 남고, 지원인력이 다른 아이들을 놀이터로 데려가도록 했다.

매일 수시로 수업을 중단할 수밖에 없었다. 이런 상황에서, 나는 아이들의 안전과 학습권 중 무엇을 우선시해야 할지 매 순간 판단해야 하는 부담을 느꼈다. 그래도 나는 아이들의 안전을 가장 먼저 생각하며 행동했다.

아이의 행동 뒤에 숨은 마음 먼저 읽기

예준이와 단둘이 교실에 남으면, 나는 엄한 표정과 단호한 목소리로 공격 행동이 잘못된 행동임을 알려주려고 했다. 흥분을 가라앉히고 원하는 것이 무엇인지 차분하게 표현하도록 유도했다. 그러나 돌이켜보면, 나는 '예준이가 원하는 게 무엇인지'보다 '예준이의 행동이 얼마나 잘못되었는지'에만 초점을 두었던 듯하다. 부정적인 영향을 끼칠 수 있다는 것을 알면서도 규제 중심으로 대했던 것은 나의 한계였다. 아무리 아이의 행동이 과격해도, 고사라면 부정적으로 바라보기 전에 아이가 왜 그렇게 행동하는지에 주목해 중재해야 한다는 것을 뒤늦게 깨달았다.

맞춤형 행동 지원 시작

당시에는 예준이에게 올바른 요구 표현 방법을 적극적으로 가르쳐주지 못했다. 나는 1년 동안 선행 사건과 후속 결과를 바꾸는 데 집중했다. 먼저, 선행 사건을 바꾸기 위해 문제 행동이 나타나기 전에 예준이가 미리 원하는 바를 충족하도록 했다. 예준이는 시소나 트램펄린 타기, 빙글빙글 돌기 등 어지러운 자극이 발생하는 활동을 좋아했다. 그래서 수업 시작 전이나 1교시에 충분히 원하는 놀이를 할 수 있도록 했다.

선행 사건을 바꾸는 또 다른 방법으로, 예준이가 좋아하는 주제와 활동을 수업에 많이 포함했다. 동물을 정말 좋아해서, 동물 관련 자료를 제시해 수업에 집중하도록 유도했다. 그리기, 오리기, 붙이기, 색칠하기 활동도 좋아해서 미술 활동을 자주 하도록 구성했다.

후속 결과를 바꾸려 할 때는 칭찬을 적극적으로 활용했다. 예준이는 '하트', '최고', '박수' 등 칭찬 관련 표현을 좋아했다. 수업에 열심히 참여하면 원하는 놀이를 하게 해주거나 칭찬을 아끼지 않았다. 조금이라도 바람직한 행동을 보이면, 자주 칭찬해 주려고 노력했다. 칭찬받을 때의 예준이 표정은 무척 사랑스러웠다.

한 걸음 더

예준이와 함께했던 1년을 돌아보니, 특수교사로서 부족했던 점을 발견하고 교사로서의 한계를 성찰할 수 있었다. 다시 예준이와 같은 아이를 만나게 된다면 같은 실수를 반복하지 않고, 아이의 행동을 긍정적으로 바꿀 방법을 더 세심하게 고민해 보고 싶다.

이제야 그때 예준이를 포함한 반 아이들과 가지막 인사하며 흘렸던 눈물의 의미를 깨닫게 되었다. '내가 더 전문성 있는 교사였다면 좋았을 걸…', '현실에 타협하지 않고 조금 더 고민하며 아이들을 대했다면 좋았을 걸…'이라는 아쉬움의 눈물이었다. 그 눈물을 잊을 수 없다. 앞으로 더 전문성 있는 교사가 되기 위해 노력하겠다고 다짐했다. 그 다짐의 첫걸음으로, '행동 중재'에 관해 더 깊이 공부하고 있다.

좋아하는 놀이 미리 하기

시소 타고 싶은 욕구가 충족되지 않으면 수업 중 공격성을 보이곤 해서 쉬는 시간에 미리 신나게 시소를 타고 수업에 참여하도록 했어요.

흥미를 보이는 주제와 활동을 수업에 포함하기

수업 참여도를 높이기 위해 예준이가 흥미를 보이는 주제와 활동을 수업에 포함했어요.

강화하기

바람직한 행동을 했을 때, 예준이가 좋아하는 칭찬 표현을 아낌없이 해주거나 원하는 놀이를 하게 해주거 강화했습니다.

이해 작가 │ **늑대 가족의 소원**　아크릴 │ 72.7 × 72.7cm │ 2024

나의 마음을
들어주세요

유리는 왜?

"작년에 담임 선생님 갈비뼈가 부러졌대요."

"교과전담 선생님 목덜미를 심하게 할퀴었대요."

일반 학교에서 특수학교로 근무지를 옮긴 첫해였다. 아이들을 만나기도 전에 우리 반 한 아이에 대한 엄청난 이야기를 들었다. 이전 학교에서 다루기 어려운 아이들을 많이 만났던 터라 걱정되거나 두렵지는 않았다. 다만, 아이가 궁금했다. 그 아이는 무슨 이유로 그런 행동을 했을까?

알 수 없는 유리

유리는 일반 학교에 다니다가 특수학교로 전학 온 아이였다. 3학년 2학기 때 전학을 왔으나 한 학기는 홈스쿨링으로 보냈고 특수학교 생활은 4학년 때부터 시작했다고 했다. 나는 5학년 개학식 날 유리를 처음 만났다. 유리는 너무나 예쁜 아이였다. 불편한 상황이 생기면 알 수 없는 소리를 작게 내긴 했지만, 대체로 조용한 편이었다. 그러나 가끔 내던 그 작은 소리가 점점 더 커졌다.

개학 후 4일째 되던 날이었다. 유리가 갑자기 나에게 달려들어 목덜미를 할퀴었다. 바로 유리의 손을 잡고 제지했지만, 손을 놓자마자 바로 또 달려들었다. 진정이 되어 손을 놓기까지 1시 30분이라는 시간이 걸렸다. 그런데 유리의 행동을 이해할 수 없었다. 그럴 만한 상황이 없었다고 생각됐기 때문이었다.

'도대체 이유가 뭘까? 원인을 알아야 도와줄 수 있을 텐데…'

그런 생각에 그때부터 유리의 주변 상황과 그와 연관된 행동을 세심히 관찰하기 시작했다. 언제 소리를 내는지, 할퀴거나 책상을 넘어뜨리는 등 과격한 행동을 할 때 어떤 모습인지, 바로 직전뿐만 아니라 더 이전 상황은 어떤지 꼼꼼히 살폈다.

유리야, 불안했구나

계속 살펴본 결과, 유리는 예측할 수 없을 때 크게 불안을 느끼는 아이였다. 불안해지기 시작하면 일단 움츠러들었다가 오히려 상황이 조금 나아지면 "나 불안해서 힘들었다고!"라고 말하듯 문제 행동을 보였다. 그래서 처음에는 겉으로 드러나지 않았다가 어느 순간 갑자기 폭발하듯 과격한 행동을 보였던 것이다.

유리는 상황을 예측할 수 없거나 갑자기 바뀔 때, 하기 싫거나 어려운 일을 해야 할 때 특히 심하게 불안해했다. 그런 상태에서 충분히 안정될 시간을 주지 않거나 회피하고 싶은 과제를 억지로 계속하게 했을 때, 결국 아이는 갑작스레 문제 행동을 일으켰다. 그제야 알 수 있었다. 지금까지 사람들이 유리가 무엇을 불안해하는지, 왜 그런 행동을 하는지 알지 못했던 이유를….

불안감 해소법 찾기

불안감을 낮추기 위해 아이가 상황을 예측할 수 있도록 시각적 일과표를 만들었고, 매번 무슨 시간인지, 누가 와서 수업하는지, 어디로 가는지, 무엇을 해야 하는지 알려주었다. 그리고 지시 따르기 연습을 통해 선생님의 말씀을 들으면 원하는 것을 얻게 된다는 것을 알 수 있도록 반복해서 연습했고, 행동의 결과로 유리가 좋아하는 것을 제공하였다. 무엇보다 수업 시간에 지켜야 하는 규칙을 알려주는 데 중점을 두었다. 규칙 중에 '밝게 웃어요'를 포함해서 감정을 조절할 수 있도록 지도하였다.

그 결과 유리는 지금까지의 학교생활 중 가장 편안한 한 해를 보냈다. 학급에서 누구보다 모범생이 되었고, 수업 참여도가 높아져 많은 것을 배울 수 있었다. 보는 사람마다 달라진 유리의 모습을 보고 놀라워했다. 심지어 어떤 동료 교사는 유리에게 마법을 부렸냐고 말할 정도였다.

자세히 들여다보기

아이의 행동 자체를 문제로 여기면 누구나 불편한 감정이 앞서고 다루기에 버겁다고 느낄 수 있다. 하지만 아이의 행동을 차분히 들여다보고 도와준다면, 그 안에 담긴 '표현'을 이해하게 된다. 그렇게 아이를 이해하는 순간, 우리는 더 많은 아이를 살릴 수 있을 것이라 믿는다. 그리고 교사 또한 아이들과 함께 따뜻한 성장을 해 나갈 것이다.

하루 일과표 스스로 붙이기

쉽게 불안해하는 유리가 학교생활을 예측할 수 있도록, 매일 아침 스스로 칠판에 일과표를 붙이게 했어요.

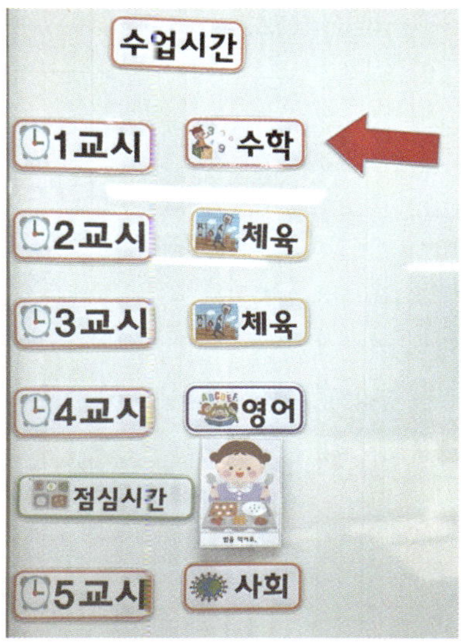

매 교시 수업 시작과 끝 알리기

매 교시 수업 시작 때마다 시간표를 보며 무엇을 하는 시간인지 알게 하였고, 수업이 끝날 때는 "수업 끝!", "감사합니다"라고 인사하며 수업이 끝났음을 명확히 알려주었어요. 그리고 수업 과목이 적힌 카드를 떼어 활동이 끝났음을 알려주기도 했습니다.

이해 작가 | **거울을 보는 빨간 말 가족** 아크릴 | 116.8 × 91cm | 2025

나랑 놀자

가장 기억에 남는 학생

"안녕하떼요."

내게 다가와 어눌한 발음으로 인사했던 지훈이는 다운증후군이었다. 누군가 "가장 기억에 남는 학생이 누구인가요?"라고 물어보면, 나는 항상 지훈이를 떠올리곤 한다. 처음 특수교사가 된 나에게 많은 것을 알려준 아이였기 때문이다.

지훈이는 사람을 좋아해서 선생님이나 친구들과 함께하는 시간을 즐거워했다. 그러나 언어 표현력이 부족해 친구들과 어울려 소통하며 함께 노는 것을 어려워했다.

친구의 얼굴을 할퀸 지훈이

어느 날, 자유 활동 시간에 수지라는 여자아이가 내게 다가왔다.

"선생님, 얘가 절 할퀴었어요."

수지의 얼굴을 보니 빨간 자국이 남아 있었다. 친구들이랑 놀고 있는데 지훈이가 갑자기 다가오더니 할퀴었다는 것이다.

'이런 세상에. 도대체 무슨 일이야…'

사건이 벌어진 현장으로 갔다. 다른 친구들은 흥분하며 일어난 일을 말하기 시작했고, 나는 그 말을 들으며 지훈이의 표정을 살펴보았다. 지훈이는 답답하고 억울한 표정을 지어 보였다.

상황을 파악해 보니, 지훈이는 친구들과 놀고 싶어서 다가갔는데 친구들이 놀아주지 않자 수지를 할퀸 것으로 보였다. 우선 지훈이에게 할퀸 행동에 대해 사과하라고 했다. 하지만 또래 친구들이 지훈이의 상황을 이해할 수 있도록 돕는 과정도 필요하다고 느꼈다.

사건의 발단

"얘들아, 지훈이는 너희와 정말 놀고 싶어서 다가간 듯해. 혹시 알고 있었니?"

"…"

아이들은 대답하지 않았다.

“지훈이가 너희와 놀고 싶어서 다가갔는데, 너희끼리만 놀아서 속상했나 봐.”

“아~ 그랬구나. 지훈이가 속상했겠어요.”

“맞아. 너희도 친구들이랑 늘고 싶은데, 친구들이 같이 안 놀아주면 얼마나 속상하겠어? 지훈이도 그런 마음이었을 거야. 지훈이에게도 할퀴는 행동 대신 말로 표현하는 방법을 알려줄게.”

아이들이 지훈이의 마음을 이해해 준 듯하여 고마웠다. 이제 지훈이에게 바람직한 행동을 지도할 차례였다.

친구랑 놀고 싶었구나

“지훈아, 친구들이랑 놀고 싶었어?”

“네….”

지훈이는 불안한 얼굴로 대답했다.

“친구들이랑 놀고 싶으면 말로 해야지. 할퀴는 건 잘못된 행동이야.”

나는 지훈이의 잘못된 행동에 대해 차분히 이야기하고, 그다음에는 어떻게 해야 하는지 올바른 행동을 알려주었다. 그날 일은 그렇게 마무리되었다.

하지만 지훈이는 이후에도 비슷한 상황에서, 가끔 바람직하지 않은 행동을 반복했다. 그럴 때마다 나는 지훈이 곁에서 함께하며, 다시 행동 방법을 알려주었다.

"친구를 때리거나 할퀴면 안 돼. '친구야, 같이 놀자'라고 말해야 해."

특히 자율활동 시간에는 내가 직접 활동에 참여하며, 지훈이가 자연스럽게 표현 방법을 익힐 수 있도록 도왔다. "친구야, 같이 놀자"와 같은 문장을 다양하게 시범으로 보여주며, 지훈이가 친구들과 상호작용하고 대화할 기회를 자주 가질 수 있도록 했다. 단순히 옆에 있기만 한 것이 아니라, 놀이 시간마다 지훈이의 반응과 주변 상황을 살피며, 상황에 맞는 표현을 제시해 주었다.

이 과정에서 내가 가장 중요하게 여긴 것은 '적절한 개입 시점'이었다. 내가 먼저 나서지는 않았다. 특히 친구들이 지훈이에게 먼저 말을 걸거나, 지훈이가 친구에게 다가갈 때는 조용히 지켜보았다. 그렇게 자연스러운 상호작용이 일어나기를 기다렸다. 다만 소통 오류나 오해가 생겼을 때는 즉시 개입하여 도와주었다.

또한, 통합학급 친구들이 나를 거치지 않고 지훈이를 직접 바라보고 말할 수 있도록 유도했다. 그 덕분에 친구들은 점점 지훈이와 자연스럽게 어울리게 되었고, 지훈이 또한 자기만의 방식으로 친구들과 어울리는 법을 배워갔다.

친구야, 같이 놀자

그렇게 하루하루 쌓인 경험으로 지훈이는 점차 행동을 바꿨다. 그리고 그해 겨울쯤, 지훈이는 "친구야~ 같이 놀자~"라고 먼저 말하기 시작했다. 그날 이후, 친구들은 자연스럽게 지훈이 곁에 앉거나 놀이터에서 함께 어울려 놀았다. 나는 그 모습을 흐뭇하게 바라보았다.

어린이집 친구들은 지훈이를 통해 서로의 다양성을 인정하며, 모두가 함께 성장할 수 있는 환경을 경험하게 되었다. 나 역시 아이들은 기회를 주고 기다려 줄 때 한 걸음 더 나아간다는 사실을 배우며 함께 성장했다. 첫 제자 지훈이와의 기억은 언제나 내 마음속에 남을 것이다.

말로 표현하는 방법을 잘 알지 못했던 지훈이는 친구들과 어울리고 싶을 때 종종 바람직하지 않은 행동으로 마음을 표현하곤 했어요. 저는 지훈이에게 사회적 기술을 알려주고 같은 반 친구들에게는 인식 개선 교육을 진행해, 서로를 이해하고 어울릴 수 있도록 도왔습니다.

지훈이에게는 사회적 기술 지도

· **모델링**

자율활동 시간에는 지훈이와 함께 직접 활동에 참여하며 "친구야, 같이 놀자"와 같은 표현을 시범 보이고 따라 하도록 도왔습니다.

· **기회 제공**

상호작용할 기회를 반복적으로 제공하여 바람직한 대치 행동을 익히도록 했어요.

· **개입 시기**

평소에는 지켜보다가 소통에 어려움이 생겼을 때만 개입했습니다.

친구들에게는 인식 개선 교육 실시

· **틀림이 아니라 다름을 인식하기**

서로 달라서 더 특별하다는 사실을 깨닫고, 서로를 존중할 수 있도록 지도했어요.

· **공감적 이해 강조**

표현 방식이 달라도 똑같은 감정을 느낄 수 있다는 사실을 알려주어 장애 학생과의 거리감을 줄이도록 노력했어요.

이해 작가 │ **푸른 밤** │ 아크릴 │ 145.5 × 112.1cm │ 2023

네 안에
보물이 있었구나

적막함이 흐르는 협의회

"선생님, 오후에 시간 좀 내주세요."

어느 날 교무실로 전화가 걸려 왔다. 1학년 학생 중 학교생활에 적응하기 어려워하는 아이가 있어, 오후에 협의회가 열리니 특수교사가 함께해 주었으면 좋겠다는 내용이었다. 1학년 선생님들 사이에서 스치듯 들었던 한 아이가 떠올라, 일단 알겠다고 답했다. 시간에 맞춰 교장실에 가보니, 무겁고 차가운 적막이 감돌았다.

통합학급 담임 선생님의 이야기를 들어보니, 아이는 3월부터 수업 중 교사에게 소리를 지르거나 교실을 무단으로 나가고 주어진 과제를 모두 거부하며, 반항적인 태도와 말로 교사와 친구들에게 위협적인 행동을 보였다고 했다. 책상이나 의자를 들어 올려 위협하는 일도 잦았으며, 국어 시간에는 "나는 글씨를 도른다고요!"라고 소리치며 책상을 거칠게 밀치거나 장난감 블록을 교사에게 던져 눈가에 깊은 상처를 입히기도 했다고 한다.

두 달 남짓한 이야기를 들으며, 담임 선생님의 눈가에 생긴 아직 아물지 않아 불그스름하고 깊게 판 상처가 눈에 들어와 마음이 무거워졌다. 대화 끝에 특수교육 대상자 선정을 신청했고, 그렇게 그 아이는 우리 학교 특수학급으로 배치되었다.

아이에 대한 정보가 편견이 되다

아이의 이름은 이든이였다. 유아기부터 반항적인 말과 행동을 보이며 어른들을 놀라게 한 아이, 또래보다 덩치가 크고 물건을 집어 던지는 등의 공격 행동을 보여 친구들에게 위협적인 아이, 이미 과제 회피는 일상이 되었고 교출(교실 탈출) 행동은 놀이가 되어버린 듯한 아이…. 내가 이 아이에게 해줄 수 있는 게 뭘까? 아이에 대한 정보는 지원하는 데 도움이 될 만한 소중한 단서겠지만, 한편으로는 두려움과 편견을 불러일으켰다.

변화의 시작, 하나-규칙 배우기

'우리 반은 이든이에게 새로운 환경일 거야. 어쩌면 전환의 기회일지도 몰라. 학급의 규칙을 다시 바로잡아보자.'

특수학급으로 배치된 이든이와의 첫 만남을 앞두고, 먼저 학교생활에 필요한 가장 기본적인 규칙을 익히도록 지도해야겠다고 생각했다. 우리 학급 규칙을 시작으로 학교의 규칙을 이해하고 실천할 수 있도록 교실의 구조적, 물리적인 환경부터 정비하였다. 교실은 자신이 가진 생각을 마음껏 펼칠 수 있는 자유로운 공간이지만 지켜야 할 약속이 있다. 그 약속을 지켜나갈 때 안전하고 행복한 교실이 될 수 있다는 것을 이해시키는 것이 내가 해결해야 할 중요한 첫 과제였다. 우선, 그림상징이나 이미지로 간략하게 작성한 학급 규칙 목록을 제시해 주었다. 어렵더라도 규칙에 맞는 바른 행동을 알려주고, 바람직한 행동과 그렇지 않은 행동의 예시도 직접 보여주었다.

다행히 이든이는 규칙에 대해 질문하거나, 의외로 규칙을 준수하려는 의지를 보이기도 했다. 우리가 함께 만든 학급 규칙은 이든이뿐 아니라 다른 아이들에게도 도움이 되었다. 아이들은 그림상징을 보며 교실에서 해야 할 일을 명확히 인식하게 되었고, 그 결과 쉬는 시간에 장난감 정리를 거부하거나 수업 시간에 놀잇감을 가지고 노는 일이 줄어들었다.

변화의 시작, 둘-마음 표현하기

'교실에서 나가는 행동 말고도 너의 마음을 표현할 방법이 있어.'

이든이가 교실을 나가는 상황과 과정을 살펴보니, 그 행동의 원인을 이해할 수 있었다. 아이는 책상을 내리치거나 "나만 안 되잖아"라고 소리 질러 짜증을 부리는 등 거친 행동을 먼저 보였다. 이때 교사가 반응하지 않거나 짜증을 받아주지 않으면 교실을 나가곤 했다. 나는 그 행동으로 아이가 정말 하고 싶었던 말이 '도와주세요!'였을 것이라고 생각했다.

언어로 표현할 수 있는 아이여서, 도움이 필요할 때 요청하는 바람직한 표현법을 알려주었다. 아이가 그렇게 말할 때는 즉각, 조금 과장된 친절로 반응하며 행동을 강화했다. 화가 나 마음을 가다듬고 싶을 때는 "쉬고 싶어요"라고 말하게 하고, 수업을 참관할 수 있는 위치에 '쉬고 싶어요' 의자를 두고 앉도록 했다. 그리고 마음이 진정되면 이든이가 언제든 돌아올 수 있다는 규칙을 정해 주었다.

교실을 나가거나 화를 내지 않고 마음을 표현할 방법을 찾을 수 있다면, 이든이는 나뿐만 아니라 다른 교사에게도 오해 없이 자신의 마음을 바람직하게 표현할 수 있게 되리라고 생각했다.

변화의 시작, 셋-강점 살리기

'너에게도 빛나는 강점이 있어. 그리고 교사인 나에게도.'

학급에서의 생활을 지켜보니, 이든이는 친구들을 동생처럼 대하거나, 움직이기 어려워하는 친구를 돕고자 하는 마음을 보이기도 했다. 때로는 수업 중 친구들을 돕는 일에 자원하기도 했다.

'바로 이거다!'

다른 친구를 돕는 바람직한 행동으로, 아이의 인정 욕구를 충족해줄 수 있으리라고 생각했다.

아이에게 우리 반 인사 반장 역할이나, 학습활동 시 교사와 함께 시범을 보이는 보조 역할을 맡겼다. 누군가 어려운 상황에 빠졌을 때, 도움을 주는 '알리미 친구' 역할도 맡겼다. 아이의 문제 행동 기능 중에는 '관심 끌기'도 있었는데, 아이의 강점에 관심을 보이자 바람직한 행동이 더욱더 강화되는 듯했다.

그리고 뜻밖에 나의 강점도 발견하게 되었다. 아이의 행동에 대해 피드백할 때, 부정적인 행동에만 초점을 두지 않고 대부분의 행동에 긍정적인 피드백을 제공할 수 있었다. 물론 무조건 칭찬관 한 것은 아니다. 아이가 바람직한 행동과 그렇지 못한 행동의 경계를 뚜렷하게 구별하도록 도와주었다. 이 점이 교사인 나의 강점임을 깨달았다.

변화의 시작, 넷-성찰을 통한 상호작용

'아이와의 상호작용 성찰하기.'

칭찬은 고래를 춤추게 한다고 하는데, 나는 칭찬을 잘하는 편이 아니었다. '칭찬받은 경험 떠올려 이야기 나누기' 활동 시간에, 이든이에게 선생님께 칭찬받았던 경험을 떠올려보라고 했다. 그러자, 한참 고민한 끝에 "음…, 공부 잘할 때?"라고 대답했던 것이 아직도 선명히 기억난다. 공부 외에도 많은 부분에서 칭찬해 주었지만, 이든이는 거의 기억하지 못하는 듯했다. '내가 칭찬에 인색한 교사인가?'라는 생각이 들었다.

그래서 '학생-교사 상호작용 기록지'를 활용해, 수업이 끝날 때마다 수업 중 칭찬한 횟수와 칭찬할 때 했던 말을 적어보았다. 수업 시간을 돌아보니 칭찬한 순간이 잘 떠오르지 않았고, 칭찬 횟수가 생각보다 적다는 사실을 알게 되었다. 칭찬 횟수를 늘리려고만 노력하다 보니, 구체적으로 칭찬하려는 마음에 말이 불필요하게 길어지기도 했다.

아이의 행동만 관찰하는 것이 아니라, 아이들과 상호작용을 하는 나 자신을 돌아보는 시간도 필요했다. 이러한 과정을 통해 문제를 보이는 아이의 행동뿐만 아니라, 교사인 나 또한 함께 바뀌어야 한다는 사실을 깨달았다.

나만의 팁-다양한 관점에서 해결책 모색하기

지금까지 만난 나의 아이들은 늘 나에게 궁금증을 불러일으키고 새로운 질문을 던져주었다. 그때마다 행동 중재 관련 강의를 듣거나 서적을 찾아보았지만, 아이가 던진 질문의 정답은 결국 아이 안에 있었다는 걸 알게 되었다. 아이의 입장이 되어보기, 아이가 원하는 것 살피기, 아이의 강점 활용하기, 아이와 상호작용을 하는 나 자신 돌아보기 등, 이 모든 과정은 아이를 처음부터 다시 이해할 수 있는 계기를 마련해 주었다.

'아이들이 교사에게 던지는 질문에 명확한 답과 뚜렷한 풀이 방법이 있는 것은 아니다. 하지만 풀이 방법을 다양하게 시도하다 보면, 하루하루 조금씩 정답에 가까이 다가갈 수 있는 것 아닐까?' 이런 생각을 하며, 오늘도 아이들을 바라본다.

학급 규칙 만들기

학급의 규칙은 행동 중재가 필요한 아동뿐만 아니라, 학급 내 모든 아이에게 도움이 돼요. 어떻게 행동해야 하는지, 상황에 맞는 행동이 무엇인지 분명히 알 수 있게 해줍니다. 학급 규칙을 이미지화하여 게시하면, 교사도 일관성 있게 지도할 수 있어 안전하고 존중받는 교실 환경을 구성하는 데 도움이 됩니다.

대체 기술 지도하기

화를 내거나 공격하는 행동으로 자기 의사를 표현하는 아이에게 "도와주세요", "쉬고 싶어요." 같은 바람직한 의사 표현 방법을 알려주었어요.

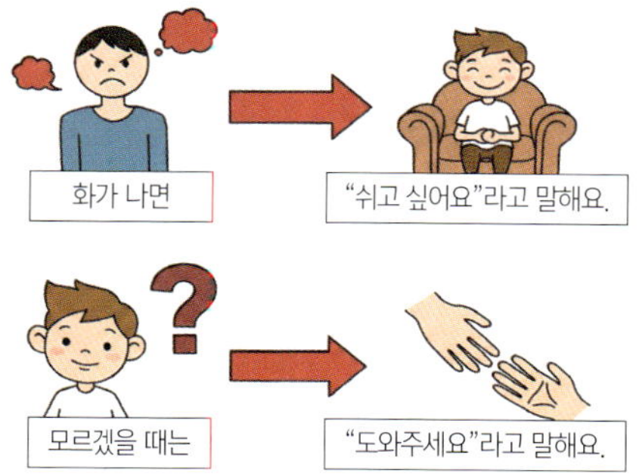

교사-학생 상호작용 기록지 작성하기

일시	상황	학생 행동	교사 반응
5월 2일 아침 시간	아침 수업 시작 종이 울려 장난감을 정리하고 자리에 앉을 시간임을 알려줌.	교사의 말을 듣고 레고 블록을 정리한 후 자기 자리에 앉음.	"우와, 이든이가 가장 먼저 정리하고 자리에 앉았네! 멋지다."(엄지를 올리며)
5월 2일 국어 시간	자신은 글자를 모르니 글씨 쓰기 과제를 하지 않겠다고 하여 수정된 과제와 쓰기 과제 중 원하는 과제를 선택할 수 있게 안내함. 선택한 과제가 빨리 끝나서 원래 아동의 학습 준비 정도에 적합한 쓰기 과제로 유도함.	과제에 참여 중인 다른 친구들을 한 번 훑어봄. 연필을 잡고 쓰기 활동에 참여함. 손을 들고 "선생님." 하고 자신이 한 과제를 내밂.	"이것 봐! 이든이는 못한다고 했지만, 잘 완성했잖아. 그렇지? 완벽하지 않아도 괜찮아. 이든이가 오늘처럼 용기 내어 할 수 있는 만큼만이라도 최선을 다하는 게 중요한 거야. 아주 멋지다, 우리 이든이!"(하이파이브)
5월 3일 수학 시간	구체물의 수를 차례로 짚으며 수 세는 말하기 학습 활동 중 학생별로 과제 참여 과정을 순회하며 지도.	아동이 손가락을 펼치면서 작게 수를 세고, "육"이라고 말하며 교사를 쳐다봄.	(아동을 보며 고개를 끄덕이고 학생의 엄지손가락에 교사의 엄지손가락을 가져감)

· 학생-교사 상호작용 기록지는 하루 동안 어떤 상황에서 교사가 어떻게 긍정적 강화를 제공했는지 기록하고 점검할 수 있게 해줘요. 아동과의 상호작용 패턴을 살펴볼 수 있으며, 학생과 교사 간 긍정적 관계를 유지하고 강화하는 데 도움이 돼요. 또한, 적절한 교사의 반응을 유도하기도 합니다.

이해 작가 | **I love you** | 아크릴 | 22.7 × 15.8cm | 2023

폭풍 성장

하늘에서 신발이 내렸네

"선생님, 기쁨이가 창밖으로 신발을 던졌어요!"

소리가 들린 곳으로 뛰어나갔다. 창밖을 내려다보니 알록달록한 신발이 바닥에 널려 있다. 하늘에서 신발 비가 내린 것 같았다.

"선생님, 기쁨이가 없어졌어요."

지원인력의 말에 또 뛰어나갔다. 아이가 좋아하는 특별실에도 없고 시청각실에도 없다. 마지막은 운동장이다. 운동장으로 나가려던 찰나, 정글짐 위에서 해맑게 웃고 있는 기쁨이가 유리창 너머로 눈에 들어왔다.

기쁨이는 조용하고 순한 초등학교 2학년 자폐 아이였다. 그런데 요즘

들어 전에 보이지 않던 행동을 하기 시작했다. 바로 신발 던지기와 수업 중 무단으로 교실 밖으로 나가는 일이다. 점심시간이나 쉬는 시간만 되면 요리조리 눈치를 살피고, 3학년 오빠 반의 신발장에서 신발을 꺼내 창밖으로 휙 던져버린다. 통합반에서는 지원인력이 다른 친구를 지원하는 틈을 타 밖으로 나간다.

갑자기 왜 이런 행동을 보이는 걸까? 행동에는 이유가 있을 텐데…. 이렇게 행동하는 이유를 말해주면 좋을 텐데, 돌아오는 건 멋쩍은 웃음뿐이다. 운동장에 나가서 놀고 싶었던 걸까?

운동장에서 뛰어놀게 했다

다음 날 점심시간, 지원인력에게 이야기했다.

"선생님, 기쁨이는 밥 먹고 운동장에서 놀이하는 시간을 가질 거예요. 안전에 유의하며 지켜봐 주세요."

아이들이 하교하고 난 뒤 지원인력에게 물어보았다.

"선생님, 기쁨이 5교시에 어땠나요?"

"뛰고 와서 그런지 얌전히 잘 앉아 있던데요?"

그래서 시간이 날 때마다 틈틈이 운동장에서 뛰어놀게 했다. 수업 시간에는 새침하게 앉아 있으면서도 밖에만 나가면 세상에서 가장 행복한 웃음을 지었다. 그 모습을 볼 때면 나도 덩달아 웃음이 나와 보고만 있게 되었다.

한두 번 신발을 던지거나 교실을 무단으로 나가는 행동을 보이긴 했지만, 초반에 비해 빈도가 많이 줄었다. 그렇다! 기쁨이의 행동은 운동장에 나가고 싶다는 마음을 표현하는 방식이었던 것이다. 그렇다면 이제부터는 기쁨이에게 적절한 방법으로 자신의 요구를 표현하도록 지도해야 했다.

기쁨이 맞춤 자료

요구를 언어로 표현할 수 있도록 돕기 위해 기쁨이의 일상을 관찰했다. 그러던 중 최근 들어 부쩍 '엄마, 아빠, 오빠'라는 말을 자주 했고, 가족에 대한 관심이 커진 것을 알 수 있었다. 이때다 싶어 기쁨이 맞춤 자료를 만들기 시작했다. 어머니께 부탁해 가족사진을 받고, 학교에서 자주 가는 장소와 사용하는 물건을 사진 찍어 그림 카드를 만들었다. 그리고 벨크로 테이프를 붙인 판자에 부착했다.

다음 날, 기쁨이가 그림 카드 판을 들여다보더니 말하기 시작했다.

"엄마."

"맞아, 기쁨아! 엄마야! 이건 누구지?"

"오빠."

이렇게 그림 카드와 학습지를 병행하며 읽고 쓰기를 반복했더니, 그림 카드 없이 글자만 보고도 읽을 수 있게 되었다. 우리 기쁨이 참 똑똑하다.

선생님, 운동장 가요

　다음으로는 기쁨이에게 필요한 단어들을 선정했다. '선생님', '운동장', '가요' 등 단어를 중심으로 읽고 쓰며, 그림 카드를 나열하는 활동을 반복했다.

　그러던 어느 날, 기쁨이가 "선생님, 운동장 가요"라고 말했다. '세상에, 기쁨이가 자신의 요구를 문장으로 이야기하다니!' 너무 놀라 멍하니 있다가 퍼뜩 정신을 차렸다. 그리고 아낌없이 칭찬해 주며 기쁨이를 운동장으로 데리고 나갔다. 내 마음을 아는지 모르는지, 운동장을 보자마자 전력 질주했다.

　그렇게 기쁨이는 "선생님, 운동장 가요"라는 문장뿐만 아니라, "선생님, 주스 주세요", "화장실 가요." 등 다양한 문장을 구사하게 됐다. 말하는 것뿐만 아니라, 단어도 쓸 수 있게 되었다. 요즘 기쁨이는 화이트보드에 글자를 쓰고 손가락으로 하나씩 가리키며 읽는 재미에 푹 빠져 있다. 자신도 얼마나 뿌듯하고 즐거울까 싶다.

　그렇게 2학기는 기쁨이의 학기가 되었다. 말 그대로 '폭풍 성장'했다.

맞춤형 학습자료 제작

기쁨이가 관심을 보이는 주제나 좋아하는 사물을 활용해 맞춤형 학습 자료를 제작했어요. 덕분에 과제에 즐겁게 참여하도록 할 수 있었고 다른 과제로 확장할 수 있었습니다.

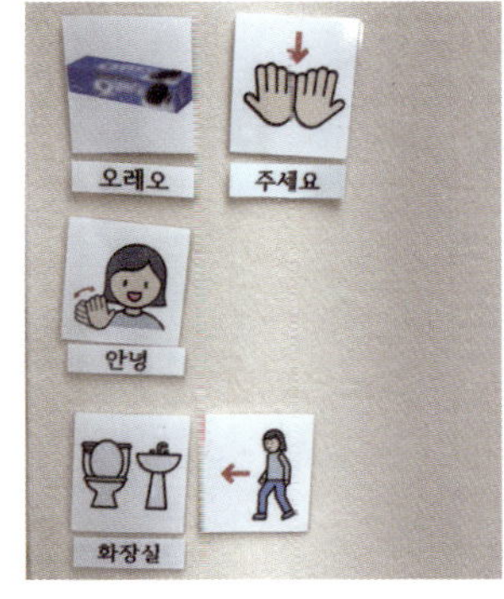

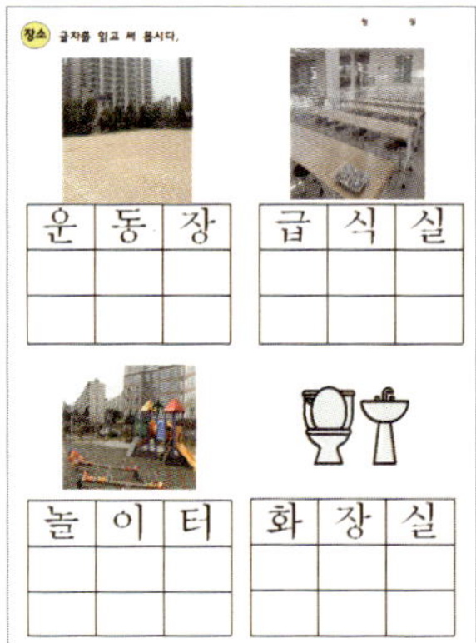

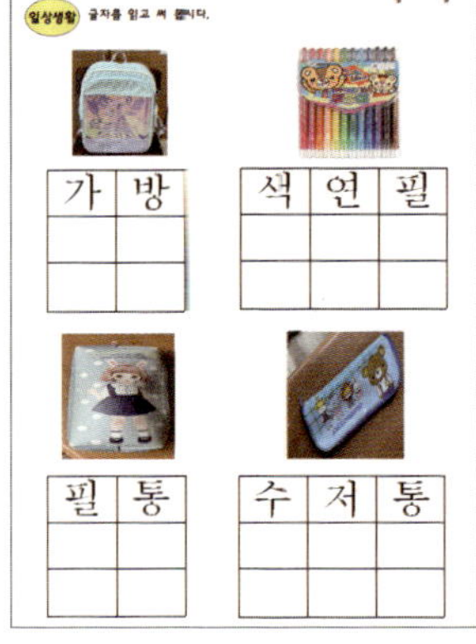

임우진, 최윤우 작가 │ **새콤달콤 사파리** │ 아크릴 │ 72.7 × 60.6cm │ 2025

밖에서
놀고 싶어요

호기심 많은 연진이

특수학급에 새로운 학생이 들어왔다. 자폐성 장애가 있는 그 아이의 이름은 연진이다. 연진이는 밝고 호기심이 많은 아이였지만, 교출이나 침 뱉기, 때리기 등 다양한 문제 행동을 보이곤 했다. 그중 가장 시급히 해결해야 할 문제는 교출이었다.

2교시 수업을 마치는 종이 울렸다. 아이들은 자유 놀이를 하고 있었고, 나는 교실 안 화장실에 수빈이를 서둘러 데려다주었다. 그런데 화장실에서 나와 보니, 그 새 연진이가 보이지 않았다.

교실 문은 잠겨있는데 연진이가 보이지 않자, 심장이 철렁하고 내려앉았다. 불안한 마음으로 교실을 샅샅이 살피다가, 한쪽 창문이 열린 게 눈에 들어왔다. 설마 하는 마음으로 창밖을 내다보니, 맨발의 연진이가 해맑은 표정으로 물웅덩이에서 놀고 있었다.

우리 교실은 1층에 있어 아이들이 손을 뻗으면 쉽게 닿을 만한 곳에 창문이 달려 있었는데, 연진이는 그 창문을 열고 밖으로 나간 것이었다.

누구보다 행복해 보였다

다급한 목소리로 옆 반 선생님께 우리 반 아이들을 부탁하고, 나는 마치 우사인 볼트처럼 빠르게 연진이가 있는 곳으로 달려갔다. 숨을 헐떡이며 밖으로 나가보니, 진흙과 빗물에 바지와 양말이 다 젖은 채 물웅덩이 속에서 너무나 즐겁게 놀고 있는 연진이가 보였다. 얼마 전 비가 와서 생긴 물웅덩이를 보고 밖으로 나간 듯했다.

나는 다리에 힘이 풀려 그대로 주저앉았다. 놀란 마음은 쉽게 진정되지 않았지만, 연진이가 너무 멀리 가지 않고 다치지 않은 것에 감사한 생각이 먼저 들었다. 그러나 나도 모르게 아이를 타박하고 말았다.

"연진아, 마음대로 교실 밖으로 나오면 어떡해. 얼른 교실로 가자."

왜 나갔을까?

화장실에서 다리를 닦아 주고 옷을 갈아입힌 뒤, 교실로 돌아와 연진이와 마주 앉았다.

"연진아, 바깥에 나가서 놀고 싶었어?"

"놀고 싶었어."

"바깥에서 놀고 싶으면 선생님에게 말하고 선생님이랑 같이 나가는 거야. 마음대로 나가면 위험해. 알겠지?"

"네…."

연진이는 고개를 끄덕이며 내 눈을 바라봤다. 그 눈빛은 말보다 더 많은 이야기를 하고 있었다.

그날 밤, 나는 연진이의 행동을 떠올리며 다시 기록장을 꺼냈다. 연진이는 비 오는 날, 물웅덩이를 보면 무척 좋아했다. 물이 고인 자리, 질척이는 흙, 반짝이는 표면이 연진이를 끌어당기는 듯했다. 그것은 단순한 '문제 행동'이 아니라, 너무도 자연스러운 '끌림'에서 비롯된 행동이었다. 연진이가 교실을 벗어난 건 단순한 '탈출'이 아니었다. 세상을 향한 탐험이었다.

그러나 교출 행동은 안전과 직결되는 만큼, 적절한 중재가 반드시 필요했다.

아이의 감정과 욕구를 이해하는 마음으로

나는 문제 행동에 초점을 두기보다 그 안에 담긴 감정과 욕구를 이해하기로 결심했다. 다음 날, 연진이가 손을 뻗으면 닿을 만한 높이의 창문에는 잠금장치를 달았다. 동시에 연진이가 마음껏 실외 환경을 경험할 수 있도록 점심시간마다 산책 시간을 마련했다. 그렇게 우리는 매일 학교 주변을 걷고 잔디를 밟으며, 햇볕을 만끽했다.

그때, 연진이의 얼굴에 떠오르던 미소를 잊을 수 없다. 그리고 나는 배웠다. 교실 밖으로 나가는 아이를 붙잡는 것보다, 왜 교실 밖으로 나가는지 이해해 주는 일이 더 중요하다는 걸.

그 후, 연진이에게 요구를 표현하는 적절한 방법을 지도했다. 바람직한 요구 표현 방법을 익히고 적용하면서, 연진이의 교출 행동은 점차 줄어들었다. 앞으로 다시 교출 행동을 보이는 아이를 만나더라도, 먼저 원인을 파악하고 그에 맞춰 문제를 해결하려고 노력할 것이다.

학생이 교출하는 것은 많은 교사가 두려워하는 행동 중 하나입니다. 저 또한 연진이가 교실을 벗어났을 때 심장이 떨릴 정도로 당황했고, 다시는 이런 일이 반복되지 않도록 원인을 깊이 들여다봐야겠다고 생각했습니다.

행동의 맥락 분석―동기와 원인 찾기

어떤 상황에서 교실을 벗어났는지, 또 이전에도 유사한 행동을 했는지를 바탕으로 행동의 맥락을 분석했어요. 평소 비 오는 날이나 비가 온 다음 날 생긴 물웅덩이를 좋아하는 아이였기에, 교실 밖으로 나간 행동은 단순한 탈출이 아니라 물웅덩이에서 놀고 싶은 욕구에서 비롯된 것임을 알 수 있었습니다. 이에 저는 아이가 언제, 어디서, 무엇을 위해 행동했는지를 체계적으로 파악하여 행동의 동기와 원인을 분석했어요.

아이의 시선에서 바라보고 환경 조정하기

아이의 시선에서 상황을 바라보며, 감정과 욕구를 직접 묻고 이해하려는 태도로 접근했어요. 또한, 연진이가 팔을 뻗으면 닿을 만한 높이에 있는 창문을 잠그고 점심 식사 후 산책하게 하여 욕구를 충족할 수 있도록 환경을 조성해, 교출 행동을 예방할 수 있었습니다.

임우진 작가 | **여행** | 마커펜, 사인펜 | 51.5 × 36.4cm | 2022

사고뭉치 헐크에서
히어로로

헐크와의 만남

헐크는 카우보이처럼 자전거를 타고 한 손으로 우산을 휘두르거나, 8차선 도로를 거리낌 없이 무단 횡단하며 등교하기가 일쑤였다. 수업 중 화장실에서 휴대전화 게임을 하거나 일부러 변을 처리하지 않는 등 기본적인 생활 태도를 갖추지 못한 학생이었다. 시간이 지나도 이 학생의 문제 행동은 변화하지 않았고, 이 학생을 지도하는 데 시간 대부분을 보내다 보니 전반적인 학급 운영은 제대로 이루어지지 않고 점점 악화됐다.

그러나 아직 고등학교 1학년인 아이를 포기하고 싶지 않았다. 그래서 헐크를 '히어로'로 만들기 위한 중재 방법을 구상하기 시작했다.

교사로서의 성찰

그러나 시간이 지날수록 헐크를 히어로로 만들기 위한 중재 과정에 문제가 있음을 느끼고 고민하게 되었다. 고민 끝에 다음과 같은 몇 가지 문제점을 찾을 수 있었다.

첫째, 마음이 너무 조급했다. 헐크의 모든 문제 행동을 단기간에 바꾸려 했던 것이 오히려 헐크를 더 힘들게 했다.

둘째, 헐크에 대한 정보가 부족했다. 헐크는 조손가정으로 가정에서 지원받기 어려웠고, 특수학급에서도 수업 시간 대부분을 자신과 갈등 관계에 있는 친구들과 함께해야 했다.

셋째, 헐크가 지닌 잠재 능력을 파악하지 못했다. 문제 행동이 많다는 이유만으로, 동료 교사들과 협의하여 행동 중재에만 초점을 맞추어 지도하고 있었다는 점을 깨달았다.

이러한 성찰을 바탕으로, 단점이 아닌 장점을 활용한 '히어로 프로젝트'를 구상했다.

히어로 프로젝트, 하나-규칙 배우기

우선, 학교생활을 하는 데 가장 기본이 되는 영역부터 시작하기로 했다. 첫 번째 프로젝트는 규칙 배우기였다. 가장 기본이 되는 영역이지만, 헐크에게 규칙을 가르치는 과정은 쉽지 않았다.

수업 시간에 휴대전화 게임을 못 하게 하면 휴대전화를 집어 던지거나 책상을 발로 차는 행동을 했다. 규칙의 중요성을 강조할 때마다 쉽게 분노하는 헐크를 지도하기 위해 동료 교사, 행동 중재 전문가, 전문의와 상담했다. 이를 통해 헐크가 흥미를 보이는 체육 교과 활동을 활용하여 신체 활동과 규칙을 경험하게 한다면, 분노를 해소하고 절제하는 법을 배우는 데 도움이 되리라 판단했다.

헐크를 포함한 우리 반 학생들에게 적합한 운동으로 럭비를 선택했다. 기존 럭비 경기에 특수 능력을 부여하거나 페널티를 적용하는 등 일부 규칙을 수정하여 종목을 새로 개발했다. 수정된 규칙을 학생들에게 지도한 후 게임을 진행했는데, 헐크는 규칙을 지키지 않았을 뿐 아니라 분노를 통제하지 못했다. 결국, 경기 도중 심장 장애를 지닌 여학생을 밀쳐버리는 사고가 발생했다. 이 사건은 우리 반 모두에게 안전과 규칙의 중요성을 다시 한번 일깨워주는 결정적 계기가 되었다.

이후 학생들은 안전 장비를 착용하고 게임을 진행했다. 헐크에게는 규칙을 위반할 때마다 경기장에서 5분간 퇴장하는 페널티를 적용했다. 평소 같으면 무조건 거부했을 텐데, 이전 사건에서 겪은 안 좋은 경험이나 좋아하는 체육 활동을 못 하게 된다는 생각 때문인지, 순순히 자기 잘못을 받아들이기 시작했다. 수업이 진행됨에 따라 규칙 위반 횟수가 줄어들었고, 한 달이 지나자 경기 규칙에 적응하게 되었다.

그러나 이것만으로 헐크가 규칙을 받아들이게 되었다고 판단하기는 어려웠다. 헐크에게 다양한 상황에서 규칙을 지키는 법을 익히게 하고자, 다음에는 농구로 종목을 변경하여 지도했다. 복잡한 농구 규칙을 우리 학생들의 수준에 맞게 단순화하고, 럭비처럼 특수 능력을 부여했다. 다른 특수학급 친구들보다 인지 능력이 우수한 헐크는 규칙 안에서 움직이는 것을 넘어, 친구들과 패스하는 모습까지 보여주었다. 하나하나 가르치기보다는 자연스러운 상황 속에서 습득하도록 유도했는데, 헐크는 점차 나의 기대대로 규칙의 중요성을 배워나갔다.

히어로 프로젝트, 둘-자기관리 지도

두 번째 프로젝트는 자기관리 지도다. 자기관리의 목표 행동은 '양치질하기', '머리 감기', '운동화 신고 등교하기'로 정했다. 헐크의 인지 수준은 한국사, 사회 등의 인문 과목에서 80점 이상을 받을 만큼 우수했는데, 인지 수준에 비해 자기관리 기술은 현저히 부족하여 집중적인 지도가 필요했다. 가정과 연계하여 지도하고 싶었지만, 체중이 120kg인 헐크를 보호자인 할머니가 감당하기에는 어려움이 많았다.

많은 것을 바꾸고 지도하고 싶었지만, 욕심을 버리기로 했다. 먼저 목표 행동 3가지를 적은 자기 점검 체크리스트와 행동 계약서를 작성했다. 행동 계약서에는 5일간 연속으로 목표 행동을 완료할 경우 점심시간에 컴퓨터 게임을 허용해 준다는 내용을 담았다.

헐크는 계약서대로 체크리스트에서 완료한 항목에 표시했다. 하지만 입가에 묻은 컵밥의 흔적, 엉겨 붙은 머리 등을 보니 헐크가 어떤 마음가짐으로 실천했는지 보지 않아도 알 수 있었다. 그리고 행동 계약서에도 몇 가지 문제점이 있다는 걸 알게 되었다.

먼저, 처음부터 5일 연속으로 그 모든 항목을 완료하는 것은 헐크에게 어려운 일이었다. 둘째, 혼자만 게임을 하게 하니 다른 친구들의 불만이 나왔다. 셋째, 약속을 지키지 않았을 때, 그에 따른 대가가 담기지 않았다. 이러한 문제점을 보완하여, 내용을 수정하기로 했다.

1주 차는 1일 단위, 2주 차는 2일 단위, 5주 차는 5일 단위로 시간이 지남에 따라 보상 기간을 점점 늘려나갔다. 그리고 보상도 '개인 강화'가 아닌 '집단 강화' 방식으로 변경하여, 다른 학생들과 함께 게임을 할 수 있게 하였다. 또한, 완료하지 않았는데 거짓으로 체크하면, 친구들과의 게임 대신 헐크가 싫어하는 근력운동을 하도록 했다.

근력운동을 싫어했기 때문인지 변경한 계약서의 내용을 잘 따랐다. 1주 차에는 매일 성공하여 친구들과 게임을 할 수 있었다. 헐크 덕분에 게임을 할 수 있게 된 친구들은 헐크를 만날 대마다 응원하기 시작했다. 친구들의 응원을 처음 받아본 헐크가 즐거워하는 게 느껴졌다. 그리고 2주 차까지도 무사히 3가지 약속을 지켰다. 스스로 노력한 것뿐만 아니라 친구들의 관심과 응원 덕분에, 헐크는 점차 성장해 갔다. 그리고 고등학교 3학년이 된 헐크는 외모에 신경을 쓰는 학생이 되었다.

히어로 프로젝트, 셋-목표 세우기

세 번째 프로젝트는 목표 세우기다. 헐크는 하고자 하는 의지가 없었고, 왜 해야 하는지에도 관심이 없었다. 내가 무언가를 요구하자 갑자기 이렇게 말했다.

"샘, 저 미친개예요. 저를 건드린 선생님은 아무도 없어요. 적당히 하세요."

이미 중학교 때 헐크를 가르쳤던 선생님에게서 관련 일화를 여럿 들었고 그 말이 무슨 의미인지 알 수 있었지만, 포기하고 싶지 않았다. 헐크가 스스로 목표를 찾지 못한다면 내가 찾아주고 싶었다. 그리고 목표 달성의 가치를 느껴보게 하고 싶었다.

1학년 2학기가 끝날 무렵 나의 고민을 해결해 줄 해답이 나타났다. 바로 2년마다 학교에서 개최하는 '외국어 노래 부르기 대회'였다. 나는 대회를 통해 헐크가 목표를 세우고 노력하여 성취감을 느끼게 하고 싶었다. 그래서 학급 회의를 소집하고 우리가 학교의 주인공이 되어보자며 아이들에게 동기를 부여한 뒤, 참가 여부를 물었다. 헐크를 제외한 모든 학생이 참가에 찬성했고, 민주주의 원칙을 명분으로 헐크도 참여하게 했다.

방과 후 늦은 시간까지 한 달 넘게 연습하며 대회를 준비했다. 하지만 대회가 점점 가까워지면서 학생 2,000여 명과 교직원 앞에서 공연한다고 생각하니 나부터 긴장하게 되었다. '나도 이런데 우리 반 학생들은 어떨까?'라는 걱정이 앞섰다. 하지만 나의 걱정과 달리 우리 아이들은 자신만만했다. 오히려 이런 무대를 즐길 준비가 되어있었다. 등수를 떠나 무대는 성공적이었다. 공연이 끝나자 긴장이 풀렸는지 힘이 빠졌다. 그때 헐크가 나에게 이렇게 말했다.

"샘 고생 많으셨어요."

"네가 고생했지."

"그래도 재미있었어요. 근데 다음에 또 하고 싶지는 않아요."

나는 이 말이 쑥스러움의 표현이라는 것을 알 수 있었다. 무대 위에서 느꼈던 성취감과 친구, 선생님들의 응원이 헐크의 마음에 이미 작은 불씨를 지핀 것이었다.

히어로가 된 헐크

이후 교내 졸업식 축하 공연을 시작으로 교육청, 장애인복지관 등 지역사회의 다양한 곳에서 공연을 했다. 그리고 헐크는 3학년이 되어서도 합창단에서 활동했다. 공연이 있을 때마다 "섐! 이번이 마지막이에요"라고 말하지만, 맨 앞에 서서 가장 즐겁게 노래하는 건 헐크였다.

좋아하는 교과 활용하여 규칙 지도하기

헐크가 관심을 보인 체육교과를 활용하여 규칙을 지도했어요. 럭비와 같은 구기 종목은 단체 운동으로, 팀원들과 협력하고 규칙을 지키지 않으면 공동의 목표를 달성할 수 없기에 규칙을 체험하도록 하는 데 효과적이었습니다. 하지만 우리 아이들을 위해 럭비 경기 규칙을 수정할 필요가 있었어요.

수정된 럭비 경기

1. 아가모토의 눈: 특정 학생에게 패스가 이루어질 때, 모든 선수의 시간이 정지되어 멈춘다.
2. 테세렉트: 특정 학생은 공을 들고 이동할 때 무적 상태가 되어 세 발짝 이동할 수 있다.
3. 에테르: 특정 학생이 터치다운에 성공하면, 획득 점수가 세 배로 증가한다.

자기관리를 위한 행동 계약서와 체크리스트

위생 관리는 또래 관계를 돕고 사회적 통합을 위해 꼭 필요한 기술입니다. 행동 계약서와 체크리스트를 활용해 꾸준히 점검하고 격려했습니다.

자기관리 점검표 이름:		
날짜	목표 행동		
	양치질하기	머리 감기	운동화 신고 등교하기
월 일			
월 일			
월 일			

행동 계약서

과제	보상
대상: 헐크 -목표 행동: 양치질하기, 머리 감기, 신발 신기 -달성 기준: 1주째는 1회 성공, 2주째는 주 2일 연속 성공, 3주째는 3일 연속 성공, 4주째는 4일 연속 성공, 5주째는 5일 연속 모두 성공 *5주 모두 성공 시 새로운 계약을 맺는다.	-대상: 반 친구들 -보상: 닌텐도 게임 즐기기 -언제: 점심시간

년   월   일

교사   학생 1   학생 2   학생 3   학생 4   학생 5   학생 6   학생 7

임우진 작가 | **12월의 띠용 띠용** | 마커펜, 색연필 | 51.5 × 36.4cm | 2022

칭찬
디딤돌

고개 숙인 성윤이

"성윤아~ 고개 좀 들어봐. 이거 같이 해보자"

선생님과 친구들의 다정한 권유에도 성윤이는 절대 고개를 들지 않고 꿋꿋이 버텼다. 통합반에서뿐만 아니라 특수학급에 와서도 마찬가지였다. 아무 말도 하지 않고 자리에 앉아 모자를 눌러쓴 채 고개를 푹 숙이고 있었다. 다행히 간단한 단답형 대답은 해주어서 간신히 소통할 수 있었다.

성윤이 어머니는 아이가 하기 싫어하는 것은 집에서도 시키지 않고 있으니, 학교에서도 하고 싶은 것만 참여하면 좋겠다고 하셨다. 기초 학습뿐 아니라 배변 지도, 청결한 생활 습관 지도 등은 아이가 힘들어할

테니 제외해 달라는 것이었다. 단지 아이들과 사이좋게 지내게만 해달라고 부탁하셨다. 성윤이에 대한 어머니의 기대가 어느 정도인지 알 수 있었다.

성윤이 파악하기

한두 달 성윤이를 지켜보니, 가능성이 정말 많은 아이라는 것을 알 수 있었다. 그림책을 읽어주면 가끔 고개를 들어 호기심을 보였고, 읽어준 그림책의 내용을 기억하여 질문에도 곧잘 답하였다. 손은 얼마나 야무진지, 한 번 가르쳐주면 종이접기를 반듯하게 잘했다. 고개를 숙이고 있었지만, 수업 시간에는 의자에 그림처럼 잘 앉아 있었다.

나는 아이가 싫어하고 좋아하는 활동이 무엇인지 파악하기 시작했다. 연필을 쥐고 글씨 쓰는 것이나 그림 그리기, 색칠하기는 너무나 싫어했다. 그렇지만 스티커와 교구를 활용하거나 손가락으로 찾는 것은 좋아했다. 종이접기를 잘하고 좋아해서인지, 학습이 끝날 때마다 간단한 종이접기 강화물을 제시하면 조금 싫어하는 활동도 시도해 보곤 했다. 또한 글씨와 숫자를 아직 잘 몰라 자신감이 부족해 보였지만, 영상 자료를 보거나 읽어준 이야기를 듣고 기억하는 것은 또래 친구들만큼 잘했다.

성윤이는 유치원과 학교 외에는 늘 집에만 머무르며 지내다 보니 기초 학습을 배워본 경험이 거의 없었고, 자신의 가능성을 펼쳐볼 기회조차 갖지 못했다. 그래서 학교라는 공간은 아이에게 부담스럽고, 늘 좌절을 안기는 공간으로 느껴졌을 것이다. 내가 지도했던 특수학급의 다른 아이들은 가정에서 어느 정도 한글이나 수학을 익히고 온 경우가 많았기에, 성윤이는 더 힘들어했고 자신감도 잃어 갔다.

학습 부담감 줄이기

나는 먼저 성윤이가 좋아하고, 쉽게 할 수 있을 만한 과제나 방법을 제시하여 학습 부담감을 덜어주었다. 더불어 성윤이가 과제를 해냈을 때 충분히 칭찬해 주어야겠다고 생각했다. 사실 나는 칭찬보다는 냉정하게 평가하며 객관적으로 상황을 바라보는 것을 좋아하는 사람이다. 그러나 이런 나의 기질을 버리고 날마다 넘치도록 칭찬해 주었다.

"성윤이는 목소리가 너무 멋지다."

"너무 똑똑해서 어제 가르쳐 준 것을 하나도 안 까먹었네."

"성윤이는 얼굴이 너무 잘생겨서 나중에 배우나 가수를 해도 될 것 같다."

"선생님이 가르쳐본 학생 중에 이렇게 똑똑한 학생은 처음 본다."

이처럼 의도적으로 칭찬을 아낌없이 쏟아냈다. 그리고 학교에서 성윤이를 잘 아는 선생님들께도, 성장해 가는 성윤이를 칭찬해 달라고 부탁드렸다. 그렇게 해서 성윤이가 여러 사람에게 칭찬받을 기회를 갖도록 했다.

이렇게 두 달 정도가 지나자 성윤이가 달라졌다. 고개 숙이는 행동 습관이 완전히 사라졌고, 이전에 부담스러워하거나 싫어했던 학습활동인 쓰기, 소리 내어 읽기, 그림 그리기, 색칠하기 등에도 점점 자주 참여하기 시작했다. 또한 일 년 정도가 지났을 때는 3~4어절의 문장을 읽을 수 있었고, 받침이 없는 익숙한 단어들을 쓸 수 있게 되었다.

가장 큰 변화는 아이의 마음가짐이었다. "선생님, 저 진짜 잘하죠?", "난 똑똑해서 금방 할 수 있어", "난 도전해 볼 거야. 같이 해보자"라고 말하며, '자신감' 있는 모습을 자주 보였다.

1학년을 마치고 겨울방학이 되었을 때, 나는 성윤이가 그동안 배운 기초 학습을 긴 겨울방학 동안 다 잊어버리진 않을까 걱정되었다. 하지만 자신감을 갖게 된 성윤이는 스스로 학습했으며, 그간 배운 내용을 잘 기억하고 있었다. 이렇게 성윤이는 2학년을 맞이하였고, 이러한 과정을 통해 성윤이의 가능성이 입증된 것 같아 기뻤다.

생활 습관 고치기

아직 성윤이가 도전해야 할 영역이 남아 있었다. 그것은 바로 올바른 화장실 사용과 양치 습관이었다.

이제 3학년에 올라가지만, 화장실을 무서워해 절대 가지 않았고 아직도 기저귀를 찼다. 양치하는 것을 너무 싫어해 가정에서는 거의 하지 않았고, 그로 인해 치아가 전반적으로 썩은 상태였다. 입을 벌리는 것조차 거부해, 양치 지도하기가 너무 어려웠다. 치아가 온전치 않아 먹는 행위 자체를 별로 좋아하지 않았고, 밥과 국만 조금씩 먹었다. 어머니께 보건소 치과 방문을 여러 차례 권유해 한 번 방문하였으나, 이후에도 가정에서의 양치 습관은 개선되지 않았다.

특수학급에서는 수업으로 양치 교육을 여러 차례 실시하고, 점심시간마다 모든 학생이 함께 양치하도록 지도하였다. 성윤이는 처음에 양치 교육을 거부했다. 그러나 화장실이 아닌 교실 안의 양치대에서 다른 친구들과 함께 양치하게 되자 참여하기 시작했다. 게다가 양치 후 입안이 개운해진 느낌을 기억해, 스스로 표현하기도 했다.

그러나 여전히 가정에서는 매일 꾸준히 양치하지 않는 듯했다. 그래서 가끔 아침에 등교하면 양치하도록 지도해야 했다. 계속해서 정기적인 치과 진료와 치료를 권유하고 있지만, 가정과의 연계는 아직 원활하지 않다.

해결하지 못한 과제

학기 초 화장실 자체를 거부하던 성윤이는 학교생활에 많이 익숙해졌다. 친구들이 화장실을 사용하는 모습을 지켜보며, 화장실에 들어가는 것은 무서워하지 않게 되었다. 손을 씻는 것도 거부하지 않고 실천할 수 있게 되었다. 그러나 소변을 보는 것은 연습부터 완전히 거부하고 있다.

성윤이에게는 형과 여동생이 있는데, 두 형제는 자연스럽게 기저귀를 뗐다고 한다. 성윤이만 이런 모습을 보이는 것이 다소 의아하게 느껴진다. 어머니께서는 아이가 원하지 않고 스트레스받을 것 같아 시도할 마음조차 없다고 하신다. 앞으로 어떻게 교육을 진행해야 좋을지 고민이 크지만, 가정과 지속해서 소통하고 학부모 교육을 통해 이 과제 또한 함께 해결해 나가려고 한다.

성윤이에게 해주고 싶은 말

2년 동안 정말 많은 발전을 보여준 성윤이에게 꼭 다시 한번 말해주고 싶다. 지금까지 너무 잘해 왔고, 앞으로도 잘할 수 있다고 말이다.

"성윤아, 두려워하지 말고 같이 한 번 더 도전해 보자! 사랑해."

자신감 회복을 위해 긍정적 경험 제공하기

성윤이가 학습을 비롯한 학교생활 전반에 자신감을 가질 수 있도록, 특수학급 교실에서 수업할 때는 성윤이의 강점인 듣기와 말하기 활동으로 학습을 시작했어요. 그리고 좋아하는 역할놀이와 종이접기 등을 통해 성윤이의 강점이 드러나게 하였고, 그 과정에서 자신감을 회복해 자발적으로 짧게나마 일기를 쓰는 모습을 보이기도 했습니다.

임우진 작가 | 행복 단말기 | 마커펜, 색연필 | 51.5 × 36.4cm | 2023

내일은
뒤태 미남

우리 반 패셔니스타

“새 신발이네?”

“어머, 후 머리 너무 멋지다!”

“와우, 티셔츠 색이 너무 예쁘다!”

후를 볼 때마다 주변 교사들이 건네는 말이다. 형형색색 알록달록한 옷차림에 뽀글뽀글 파마머리, 하얀 피부까지 어우러져 마치 귀공자 같다. 그런데 패셔니스타 후의 옥의 티는 두툼한 기저귀 자국이 드러나는 뒤태였다.

기저귀 떼기

같은 학생들을 2년째 맡고 있다 보니, 첫해보다 문제 행동이나 기본 생활 습관을 지도하는 방법에 대해 좀 더 잘 알게 되었다. 그러나 특수학교의 현실은 녹록지 않다. 여러 학생을 동시에 배변 지도해야 하고, 늘 안전 문제로 지원인력 배치에 신경 써야 하는 등 정신을 한군데 집중하기가 쉽지 않다. 그런 와중에도 후의 통통한 엉덩이가 내 눈길을 끌었다.

이제 3년 차. 아직 해 본 적 없는 배변 지도를 잘할 수 있을까 걱정도 됐지만, 해보자는 마음이 더 컸다. '동료 교사들이 있으니 어려우면 물어보자!' 그런 마음으로 후의 배변 지도를 시작했다. 정확히 말하면, 기저귀 떼기였다.

일단 후는 바지가 젖거나 대변을 본 뒤 찝찝한 느낌을 표정이나 행동으로 드러냈다. 대소변을 본 뒤 아무런 감각을 느끼지 못하는 아이라면 쉽지 않겠지만, 그 감각을 인지하는 것만으로도 충분히 시도해 볼 만하다고 생각했다. 학부모님께 전화를 걸어 배변 지도의 필요성을 말씀드렸다. 학부모님도 필요성은 알고 계셨지만 막막해하셨다. 그래도 나는 용기를 내어 설득했고, 그렇게 후와 함께 기저귀 떼기를 시작하게 됐다.

변기에 앉기부터

후는 변기에 대한 거부감이 심했다. 워낙 겁이 많아서 새로운 장소를 무척 두려워하는 아이인데, 화장실도 예외가 아니었다. 물 내려가는 소리가 무서운지 변기 근처에도 가려고 하지 않았다. 배변 지도를 위해서는, 먼저 화장실 적응 훈련을 해야 했다. 천천히 화장실에 익숙해지도록 했고, 변기 근처에 가보거나 물을 내려보게 하는 등의 경험을 통해 두려움을 줄여나갔다. 마침내 후는 변기에 앉을 수 있게 되었다.

이제 기저귀를 떼는 단계로 넘어가고자 했다. 아침에 학교에 오자마자 기저귀를 벗기고 변기에 앉혔다. 그렇게 쉬는 시간마다 변기에 앉히고 배변 패턴을 점검했다. 일주일 정도 확인해 보니 1교시와 3교시 쉬는 시간, 점심 먹은 후, 그리고 하교 전 등 하루에 총 네 번 정도 학교에서 소변을 보는 걸 확인할 수 있었다.

찰랑찰랑 물장난

소변 패턴을 파악하고 나서 정해진 시간마다 화장실에서 소변을 보게 했는데, 대체로 후가 잘 따라와 주었다. 그러던 어느 날, 정신없이 수업하고 있는데 찰랑찰랑 물장난하는 소리가 들렸다. 소리가 나는 곳을 바라보니 후가 의자 위에 고인 액체를 손으로 만지고 있었다. 바지는 축축하게 젖은 채였다.

"후야!"

단번에 소변인 것을 직감하고 후를 화장실로 데려갔다. 아이가 대소변 실수를 하면 옷을 갈아입히는 것도 큰일이다. 실내화, 양말, 속옷, 내복까지 벗기고 입힐 옷이 참 많다. 특히 후를 보면 계절을 남들보다 조금 더 빠르게 체감할 수 있었다. 추위에 민감한 부모님께서 가을이 오기 전부터 일찌감치 내복을 입혀 보내셨기 때문이다. 그렇다 해도 다시 기저귀를 차게 할 수는 없었다. 나는 후의 기저귀 떼기를 포기하지 않았다.

기특하고 대견한 후

일반화를 위해 학교에서 파악한 배변 패턴을 가정에 공유하고, 집에서도 시간대를 확인한 뒤 그 시간마다 변기에 앉아 소변을 보도록 지도해 달라고 부탁드렸다. 또 등교 전에 꼭 화장실에 들르게 해 달라고도 당부했다.

처음에는 혹시 모를 상황을 염려해 기저귀를 채워 등교시키셨지만, 등교 직후 확인해 보면 대체로 소변을 보지 않은 깨끗한 상태였다. 학부모님께서도 성심껏 협조해 주신 덕분에 후는 점차 적응해 갔고, 학교에서는 기저귀 없이 생활하며 정해진 패턴에 맞춰 화장실에서 소변을 보게 되었다.

기특하고 대견한 후를 보며 나 역시 한 걸음 더 나아갈 수 있었다. 앞으로 우리 후가 기저귀를 완전히 떼고, 뒤태마저 멋진 진정한 패셔니스타가 되길 진심으로 기대한다.

배변 지도를 위한 적응 단계 훈련

먼저 후가 화장실을 두려워하는 이유를 찾는 게 중요했어요. 그 원인은 차가운 변기와 물 내려가는 소리였어요. 그래서 후가 그 두려움에 천천히 익숙해질 수 있게 단계적으로 접근하도록 했습니다.
화장실 문까지만 가는 것부터 시작해, 변기 앞까지 가기, 물 내려보기, 마지막으로 변기에 앉아보기까지 차근차근 진행했습니다. 무엇보다 후의 속도에 맞추는 게 중요했습니다.

지속적이고 반복적인 훈련을 통해 유지하고 일반화하기

정해진 시간마다 변기에 앉게 해 배변 패턴을 점검했고, 이후에는 꾸준히 반복하며 변기에 앉아 변을 보게 했습니다. 포기하지 않고 지속적으로 지도한 결과, 점차 습관으로 자리 잡기 시작했습니다. 그리고 가정과 연계하여 일반화까지 가능하게 되었어요.
혼자였다면, 결코 쉬운 일이 아니었을 거예요. 동료 교사의 지지와 가정의 협조, 그리고 무엇보다 후의 노력이 더해져 이룬 값진 결과였습니다.

엄우진 작가 | **봄나들이** | 마커펜, 사인펜 | 51.5 × 36.4cm | 2024

가슴에 멍이 들어야
사는 아이

민재를 맞이할 준비

'두둥!'

개학을 앞두고 학교에 묘한 긴장감이 감돌았다. 2년간의 유예를 마치고 민재가 학교로 복귀한다는 소식이 전해졌기 때문이다. 그는 자리에 앉기를 거부할 뿐 아니라, 물건을 찢거나 던지고 가슴팍을 세게 치며 큰 소리로 울부짖는 등 다양한 문제 행동을 보였다는 소문이 무성했다. 코로나로 오랫동안 학교에 나오지 못했다는 이야기에 안타까운 마음이 들면서도, 이제는 고등학생이 되어 훌쩍 커버린 아이를 가르쳐야 한다는 부담감도 함께 밀려왔다.

민재는 아버지가 주로 양육을 맡고 있었다. 학부모 상담을 통해, 학교에서 보이는 문제 행동들이 가정에서도 그대로 나타난다는 것을 알 수 있었다. 아버지 역시 민재의 행동을 통제할 수 없는 상황이라며, 어려움을 토로했다. 게다가 어린 동생까지 함께 돌봐야 하는 현실이어서 더욱 더 버거워 보였다.

학교의 여건도 녹록지 않았다. 같은 반에 배치된 학생 일곱 명 모두 중도중복장애를 지닌 데다가, 공격 행동이 잦은 학생도 여럿 있어 민재의 돌발 행동이 자칫 다른 학생과의 충돌로 번질 위험이 있었다. 그런 만큼 더욱더 신중히 학급 환경을 구성해야 했다.

또한, 민재는 덩치가 큰 남자 선생님들의 지시는 비교적 잘 따르는 편이어서 여자보다는 남자 지원인력을 배치하는 것이 적절해 보였다. 민재가 학교에 조금이라도 더 안정적으로 적응할 수 있도록 담임, 부담임, 과정부장, 교과 전담 교사들과 수차례 머리를 맞대고 협의했다. 그렇게 조심스럽고 꼼꼼히 준비하는 사이, 어느새 개학 날이 다가왔다.

그 아이가 돌아왔다

2년 만에 학교에 돌아온 민재는 어색해했다. 아버지의 손을 꼭 잡은 채 긴장한 표정으로 더벅더벅 교실에 들어왔다. 생각했던 것보다 키가 훌쩍 커버렸고 얼굴에는 수염이 자라 예전의 앳된 모습이 남아 있지 않았다. 교실에 들어선 민재는 안내받은 자리에 조심스레 앉았다. 낯설고 불편했을 텐데도, 한 시간 동안 자리를 지키며 잘 버텨주어서 내심 안도했다.

하지만 며칠이 지나자, 상황은 달라졌다. 어느 날 수업하려고 민재 반에 들어섰는데, 개학 첫날의 어색함은 온데간데없었다. 민재는 가슴팍을 치고 큰 소리를 내며 교실을 누비고 있었다. 예전의 민재가 '돌아온' 것이다. 수업을 정상적으로 진행하기가 어려웠고, 자폐 성향이 강한 다른 학생들은 민재의 행동에 큰 자극을 받는 듯했다.

처음에는 민재가 보이는 행동의 기능을 '관심 끌기'로 판단하고, 무반응으로 일관하며 수업을 이어 가려 했다. 아무렇지 않은 듯 반응하지 않고 수업을 진행하면 행동이 자연스레 소거될 것으로 기대했지만, 민재는 오히려 더 강하게 반응했다. 급기야 내 얼굴 가까이 다가와 더 크게 고함치고, 가슴을 거세게 내리쳤다. 행동의 강도와 빈도가 점차 높아지자, 단순히 '소거 전략'만으로는 더 이상 중재하기 어렵다고 판단했다.

민재의 행동을 더욱더 근본적으로 이해하고 중재하기 위해, 같은 학년 교사들과 함께 행동 발생의 원인부터 다시 살펴보기 시작했다. 민재는 수업 중 가만히 앉아 있지 못했고, 과제가 주어지면 가슴을 치며 큰 소리로 반응했다. 또 교사가 자신을 바라보지 않을 때는 시선을 끌려고 가까이 다가가 같은 행동을 반복했다. 이러한 행동을 종합해 볼 때, 민재의 문제 행동에는 감각 자극 추구, 과제 회피, 관심 끌기 등 여러 기능이 복합적으로 얽힌 것으로 판단했다.

민재를 위한 교실을 다시 그리다

우리는 우선 학급 환경부터 점검했다. 수업 시간에는 민재가 돌아다닐 때 자극받을 만한 물건을 사물함에 보관해 시각적 자극을 줄였고, 쉬는 시간에는 자유롭게 쉴 수 있도록 교실 한쪽에 빈백(Bean Bag)을 마련해 주었다. 또한, 교실 앞 칠판에는 일과표와 학급 규칙을 부착해 시각적으로 민재가 하루의 흐름을 확인하고 예측하여 학교생활에 안정적으로 적응할 수 있도록 도왔다.

동시에 수업 활동에도 변화를 주었다. 우선, 평소 민재가 좋아하는 만지기, 두드리기, 찢기, 누르기 등의 활동을 포함했다. 그리고 간단한 동작만으로도 달성할 수 있는 쉬운 과제를 제시하여, 학습에서 흥미와 성취감을 느끼도록 했다. 그러면서 자연스럽게 학습 동기를 북돋웠다.

차선의 선택, 최선의 변화

민재의 행동 중 가장 우선시하여 중재해야 할 행동은 멍이 들 때까지 가슴팍을 치는 자해 행동이었다. 가정에서도 몸에 난 상처로 경찰 신고까지 이어질 정도로 예민한 문제여서, 하루라도 빨리 중재가 필요했다.

먼저, 민재가 가슴팍을 치는 행동을 시작하려는 기미가 보일 때, 좋아하는 슬라임을 미리 손에 쥐여줘 보았다. 그랬더니 처음에는 살짝 눌러보기도 하는 등 슬라임에 관심을 보였다. 하지만, 얼마 지나지 않아 슬라임에 대한 흥미가 떨어졌는지 다시 이전과 같은 행동을 반복했다.

두 번째로 제시한 대체 자극은 가슴을 누르면 소리가 나는 인형이었다. 민재가 가슴을 칠 때마다, 그 인형을 손에 쥐여주었다. 처음에는 슬라임과 다르게 반응했지만, 지속해서 노출하니 차츰 적응하면서 관심을 두기 시작했다. 심지어 그 인형에 집착하듯 시종일관 인형의 가슴 부위를 눌러서 또 다른 문제 행동을 만들어 낼 정도였다. 하지만, 가슴을 치는 행동 빈도는 줄었고 민재 몸에 멍이 드는 일은 사라졌다. 이 방법이 최선은 아닐지언정 차선의 선택이라고 판단했다.

이제는 민재가 지르는 소리가 아닌, 인형에서 흘러나오는 노랫소리 때문에 수업이 어려울 정도로 방해받는 상황이 되었다. 그러나 나와 담임, 그리고 부담임 선생님은 인형의 소리 크기를 조금씩 줄이며 수업에 지장이 없도록 조심스레 조처했다. 그렇게 한 학기가 지나자, 민재는 서서히 안정된 모습을 되찾아갔다.

완벽하진 않아도 빛나는 변화

오랜 공백을 딛고 학교로 돌아온 민재가 다시 교실에 적응하기까지의 여정은 쉽지 않았다. 완벽하진 않지만, 자리에 앉아 수업에 참여하는 모습을 보면 민재가 충분히 성장했다고 느낀다. 이저 수업에 함께할 수 있게 된 민재가 누구보다 대견하고 자랑스럽다

민재의 문제 행동을 예방하고 바람직한 행동으로 유도하기 위해 긍정적 행동 지원 전략을 활용했어요. 긍정적 행동 지원 전략은 크게 배경 사건 및 선행 사건 중재, 대체 행동 교수 중재, 후속 결과 중재로 나누어 볼 수 있습니다.

배경 사건 및 선행 사건 중재

배경 사건 중재
· 시각적 자극 최소화: 교실 내 민재에게 자극이 될 만한 물건을 사물함 속으로 집어넣어 시각적 자극 최소화와 자리 이탈 방지
· 안정적인 휴식 공간 제공: 쉬는 시간에 교실 한쪽에 마련된 빈백에 누워 편안한 자세로 휴식하며 주의를 환기할 수 있도록 유도
· 하루 일과에 대한 시각적 일과표 게시: 스스로 하루 일과를 예측하고 학교생활에 안정적으로 적응할 수 있도록 지원

선행 사건 중재
· 학급 규칙 판 부착: 규칙을 준수하는 민재의 모습을 담은 사진을 넣어 수업 중에도 바른 자세를 자연스럽게 상기하도록 유도
· 선호 과제 및 활동 선택 판 제공: 민재가 선호하는 만지기, 두드리기, 찢기, 누르기 등의 활동이 포함된 과제에 대한 선택권 부여
· 과제의 난이도 조절: 간단한 조작만으로도 수행할 수 있는 쉬운 과제를 포함하여 과제를 회피하는 성향을 최소화하고 학습에 대한 성공 경험 제공

수업 방해 행동을 더 사회적이고 수용 가능한 행동으로 대체하기 위하여 기능적 의사소통 훈련(FCT)을 활용했어요.

기능 평가 실시
· 문제 행동: 큰 소리를 내고 돌아다니며 가슴팍을 세게 치는 행동

· 기능 평가 방법: A-B-C 행동 관찰 기록

· 기능 평가 결과: 상황에 따라 과제 회피, 관심 끌기, 감각 추구 등의 기능이 복합적으로 작용한 결과라 판단되지만 주된 기능은 '과제 회피'인 것으로 파악됨

대체 행동 선정 및 지도
· 대체 행동: 소리 나는 인형(인형의 가운데 부분을 누르면 민재가 좋아하는 노래와 함께 "어려워요. 쉬었다 할게요"라는 음성이 나옴) 누르기

· 대체 행동 지도 방법: 수업 중 과제 수행의 어려움이 있거나 휴식이 필요할 때 소리 나는 인형을 눌러 교사의 도움을 요청하도록 반복적으로 지도하였으며, 대체 의사 표현이 훨씬 더 효과적이라는 점을 확실히 알려주기 위하여 대체 행동 발생 시 즉각적인 강화(칭찬, 과제의 전환, 휴식 등) 제공

중재의 효과
· 문제 행동이 대체 행동으로 바뀜에 따라 문제 행동 발생의 빈도수가 수업 시간 중 1~2회 정도로 현저히 줄어들었음

후속 결과 중재

자해 행동에 대해 관심을 최소화하며, 휴식 시간 요청을 위한 기능적 의사
소통(소리 나는 인형 누르기) 사용 시 즉각적으로 과제를 제거하거나 전환
하며 언어적 및 사회적 강화를 제공했어요.

· 언어적·사회적 강화: 머리나 신체를 가볍게 쓰다듬으며 "잘했어. 쉬고 싶
  을 때는 그렇게 표현하는 거야"라고 언어적으로 칭찬

수업 중 문제 행동이 거의 나타나지 않았을 경우 수업 종료 후 빈백에 눕거
나 심리 안정실에서 휴식할 기회를 제공했어요.

임우진 작가 | **청사포 나들이** | 아크릴 | 41 × 32cm | 2025

다가오지 마!

3월의 시작

오랜만에 1학년 귀요미들을 맡게 된 나는 '내가 이렇게 친절하고 부드러운 선생님이었나?' 싶을 만큼 여섯 아이의 저마다 다른 매력에 푹 빠졌다.

보청기를 끼고 함묵증이 있는 민희, 고집을 피우며 꼼짝하지 않다가도 제삼자가 다가오면 언제 그랬냐는 듯 능청스럽게 부드러워지는 재우, 갑자기 엄마가 보고 싶다며 대성통곡하는 호, 언제나 방긋방긋 웃는 서은이, 부끄럼이 많아 배시시 웃어 보이곤 하는 준이, 그리고 첫날부터 경계심을 드러내며 자기 자신을 때리는 행동으로 긴장감을 표현했던 현이. 그중에서도 가장 마음이 쓰인 아이는 경계심 어린 눈빛의 현이였다.

입학 첫날이었다. 현이는 새로운 환경을 너무 낯설어하며 경계심을 한껏 드러냈다. 통합학급 담임교사가 다가가자, 가방 옆부분에 꽂아둔 텀블러를 꺼내 자기 머리 위로 들어 올리고는 '다가오지 마!'라는 눈빛으로 선생님을 바라보았다. 섣불리 한 발짝이라도 더 다가가거나 말을 걸면, 현이는 그 텀블러로 가차 없이 자기 머리를 내리쳤다. 그런 현이를 바라보는 친구들의 두려움 어린 눈빛…. 그렇게 3월이 시작됐다.

현이와 가까워지기

현이는 또래보다 키가 크고 힘도 셌다. 그리그 식탐이 많고 강박적으로 청결에 예민했다. 그동안 어른들의 통제가 불편했던 탓인지 친구들에게는 순하게 대했지만, 선생님을 향한 경계심은 쉽사리 풀지 않았다. 하지만 유치원부터 받아온 교육의 힘 덕분인지, 현이는 친구들이 줄 서서 이동하면 어느새 자기 자리를 찾아 짝꿍 손을 잡고 대열에 맞춰 걸어갔다. 특히 친구들이 곁에 있을 때는 선생님의 지시가 전혀 통하지 않았지만, 그래도 다행이라고 생각했다. 친구의 손을 잡고 발맞춰 걸어갈 수 있는 아이니까….

현이는 유치원 때도 특수교사와 자신을 지원해 주는 지원인력의 지도만 받아들이고, 다른 사람의 말은 듣지 않았다고 한다. 나는 우선 '손잡기'부터 시작했다. 현이가 믿고 따를 단 한 사람이 필요하다면, 그게 내가 되어야 했다. 복도를 이동하거나 급식실에 갈 때면, 나는 언제나 현이의 손을 잡았다. 현이가 손톱을 세워 꼬집으려고 해도 아랑곳하지 않았다. 그저 귀엽다고만 느꼈다. 내 손을 꼭 잡아야 맛있는 밥을 먹으러 갈 수 있고, 수업을 마치고 집에 갈 때도 내 손을 잡고 걸어가야 엄마를 만날 수 있다는 것을 알려주었다.

거리 두기가 필요했다

누군가 가까이 다가와 제지하는 것을 가장 싫어하는 현이에게는, 라포(Rapport)가 형성되기 전까지는 조금 거리 두는 것이 좋겠다고 판단했다. 그리고 현이가 불편해하지 않도록, 곁에 밀착하기보다는 약간 떨어져서 칠판과 화면을 활용해 수업을 진행했다. 이 방법 덕분에 오히려 칠판과 화면을 주의 깊게 응시하고, 교사의 발문에 대답하는 바른 자세도 익혀 갈 수 있었다.

현이가 하루 수업을 잘 마치면, 보상으로 작은 초콜릿을 주었다. 그 초콜릿 하나를 받기 위해 현이는 꾹 참고 선생님과 약속한 부분까지 학습을 마쳤다. 점차 학교가 안전한 곳임을 깨닫게 되면서, 자신을 향한 공격 행동도 차츰 줄어들었다.

무기력이라는 손님

그러던 어느 날부터 현이의 머리카락이 점차 휑해지기 시작했다. 불안하거나 거부할 상황이 생기면 자기 머리를 때리던 습관이, 이제는 재빠르게 자기 머리카락을 한 움큼 움켜쥐어 뽑는 행동으로 바뀌었다. 나는 그 사실을 알고 너무나 놀랐다. 가정에서도 엄마 앞에서 보란 듯이 머리를 뽑았고, 수업 시간에 과제가 주어지면 머리카락을 뽑는 일도 잦았다. 어머니는 전문의와 상담한 후 복용 약물을 바꾸었지만, 한동안 그 행동은 줄어들지 않았다.

처음에는 문제 행동의 원인을 '과제 회피'라고만 생각했지만, '감각 추구'가 더해졌을 가능성도 떠올랐다. 이제는 선생님의 시선을 피해 머리카락을 한 가닥씩 뽑기 시작했다. 나는 현이의 책상에 그림 카드를 붙였다. 머리카락을 뽑지 않으면, 작은 초콜릿을 받을 수 있다는 약속 카드였다. 수업 전에 매번 그렇게 약속하고 수업을 시작했지만, 그 행동은 줄어드는 듯하면서도 사라지지 않았다. 그러나 포기하지 않고 약속과 보상 훈련을 계속했다.

현이가 약속을 직접 읽고, 모두 지켰을 때 받을 보상을 스스로 선택하도록 했다. 다행히 현이는 좋아하는 것이 확실한 아이여서, 자신이 원하는 강화물을 얻기 위해 바르게 행동하려고 노력했다. 병원과 가정의 협조 속에서 현이의 자해 행동은 눈에 띄게 줄어들었다.

한편, '무기력'이라는 손님도 찾아왔다. 늘 에너지 넘치던 현이가 간혹 엎드려있곤 했다. 식탐도 전보다 줄었다. 덕분어 지나가던 사람의 가방을 뒤져 간식을 찾는 행동도 줄었다.

맞잡을 수 있는 손

　나는 현이가 내 손을 잡을 때, 선물처럼 안정감과 신뢰를 느끼도록 해 주었다. 덕분에 나는 현이 곁에 설 수 있었다. 현이는 급식실로 뛰어가다 말고 돌아와 내 손을 꼭 잡기도 했다. 아직 현이가 보는 세상에는 두렵고 거친 자극이 많아, 때로는 공격적으로 반응하기도 한다. 그래도 한 발짝 뒤에서 바라보고 기다려 주는 사람들이 늘어나, 현이가 맞잡을 수 있는 손이 더 많아지길 바란다.

시각 자료를 활용한 약속 카드

시각 자료를 책상에 붙여주고 매시간 약속을 나누면서 공부시간에 의자에서 일어나는 행동, 공부를 거부하며 학습지를 찢는 행동, 손잡기를 거부하며 손을 꼬집는 행동을 점차 줄여 갔습니다.

칭찬 칩 활용하기

수업 시간에 교사의 다양한 발문에 학생이 빠르게 대답하도록 하려고 '칭찬 칩'을 제작했어요. 연산, 단어 읽기, 브레인스토밍 등 교사의 발문 상황에 학생이 재빠르게 반응하면 즉시 연속적으로 보상해 주기 위해 칩을 나누어 주었습니다. 칭찬 칩은 다른 강화물보다 신속하게 전달할 수 있고, 10개를 모으면 초콜릿이나 젤리 등으로 교환하는 토큰 제도로 활용할 수 있다는 장점이 있어요.

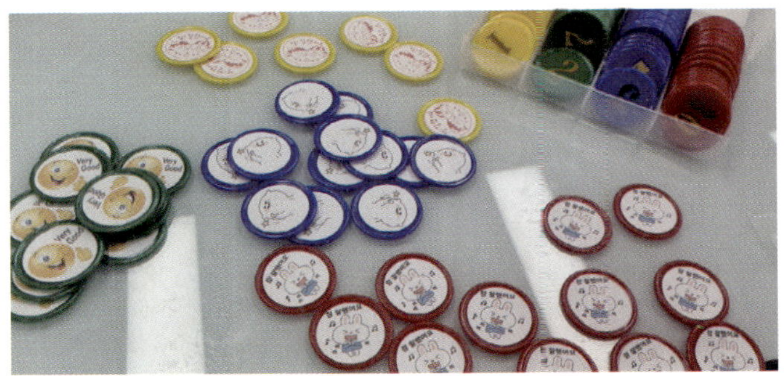

임우진 작가 | **프링의 바닷속 모험** | 아크릴 | 45.5 × 53cm | 2025

이제야 알겠어,
너의 마음

우리 반 애교쟁이

"은우 얼굴에 멍이 많이 들었네요. 무슨 일이에요?"

"아까 은우가 급식실에서 많이 울던데, 왜 그런 거예요?"

나는 다른 선생님들과 마주칠 때마다 우리 반 학생 은우 이야기를 자주 듣는다. 특수학교의 3월은 아이들이 새로운 환경에 적응하느라 많이 힘들어하는 기간이긴 하지만, 그중에서도 우리 은우는 이름이 좀 더 알려진 유명 인사다.

초등학교 3학년인 은우는 비교적 지시를 잘 따르며, 몸을 움직이는 활동적인 수업에서 두각을 나타내는 아이이다. 또한 늘 에너지 넘치는 우리 반 애교쟁이이기도 하다. 그러나 지나가다 잠시 마주치는 사람들은 은우가 이렇게 장점 많은 아이인지 쉽게 알아차리지 못한다. 눈에 띄는 문제 행동 때문에 은우의 장점이 가려지는 것 같아 늘 안타까웠다.

3월이 어려운 은우

은우의 문제 행동은 '주먹으로 자기 머리, 관자놀이, 턱 등을 때리는 행동'이다. 스스로 얼굴을 때리며 큰 소리로 울고 몸을 들썩인다. 심할 때는 드러누워 뒤통수를 바닥에 세게 박는 행동을 보이기도 했다. 문제 행동의 기능은 요구, 회피, 컨디션 난조 등 복합적으로 나타났지만, 주로 '요구' 기능이 많았다. 그러나 은우는 대부분 몸짓으로만 의사를 표현해서, 그 요구가 무엇인지 정확히 알아차릴 수 있는 사람이 없었다.

은우는 3월 한 달 동안 매일 탠트럼(Tantrum)을 했다. 처음에는 모든 행동에 반응하지 않기로 해서, 정말 위험한 상황이 아니라면 자해 행동을 시작해도 제지하지 않았다. 그러나 은우는 점차 화를 조절하지 못하고 다른 사람들을 때리기 시작했고, 이전에 든 멍이 아물기도 전에 새로운 멍이 생겨 얼굴은 얼룩덜룩하게 변했다. 아물지 않는 상처를 볼 때마다 마음이 편치 않았다. 나는 그해 처음 담임을 맡았기에 내가 서투르고 적절히 중재하지 못해 은우뿐만 아니라 우리 반 학생들이 위험에 처한 것 같아 마음이 무거웠다.

은우를 지켜라

나는 은우를 위해 행동 중재 연수를 듣고 행동 중재 컨설팅에도 참여하기 시작했다. 은우의 행동을 매일 관찰하며 하루 동안 문제 행동이 몇 번 발생했는지, 주로 어떤 시간에 발생했는지를 포함하여 A-B-C 관찰 기록지를 간단히 작성했다. 그렇게 기록하기 시작하자 은우의 행동이 언제, 어떻게, 왜 발생했는지 파악할 수 있게 되었다.

이후 학부모 상담과 행동 중재 전문가와의 컨설팅을 통해 은우가 자해 행동을 시작할 때 '블로킹'을 적용했다. '블로킹'은 행동을 제지하면서도 무반응으로 대응하는 방법이다. 손목을 안전한 방법으로 잡되, 절대 말을 걸거나 눈을 마주치지 않는 것이 원칙이다. 이 방법은 두 가지 긍정적인 변화를 불러왔다. 먼저, 블로킹을 시작한 이후 은우 얼굴의 멍이 줄어들었다. 은우의 부모님과 나는 은우가 다치지 않도록 조치하는 것이 최우선이라는 점에 공감하고 있었기에, 블로킹을 시작한 이후 다치지 않게 되어 안심할 수 있었다.

다음으로, 블로킹을 하는 동안 은우의 행동을 되돌아볼 수 있는 시간과 여유가 생겼다. 이전에는 은우가 문제 행동을 보이면 이유를 파악하기 어려워, 일단 반응하지 않고 원인을 찾는 더 집중했다. 하지만 은우처럼 신체 안전이 위협받는 상황에서는 일단 블로킹을 하고 나서 선행 사건(A)과 후속 결과(C)를 생각하며 문제 행동의 기능을 파악해야 한다는 것을 깨달았다.

가장 중요한 건 의사소통

급한 불은 껐지만, 불씨가 여전히 남아 있었다. 작은 촉매제만 있어도 은우는 언제든 다시 불타올랐다. 여전히 매일 문제 행동을 반복했고, 은우 스스로도 힘들어 보였다. 모두가 힘든 3월을 보내며, 나는 은우에게 적절한 의사소통 방법이 필요하다는 사실을 깨달았다.

은우는 어딘가 가고 싶다고 요구해도 정작 그 장소를 전하지 못해 요구가 좌절되었고, 그 이후에 탠트럼이 시작됐다. 수업 시간에는 하기 싫은 과제를 내면, 화를 내다가 자해 행동을 하기도 했다. 때때로 아무 이유 없이 갑자기 폭발하는 날도 있었다. 은우는 무언가 계속 표현하고 있었지만, 아무도 그 의미를 제대로 알아듣지 못했다.

무엇보다 은우가 자기 얼굴을 때리는 자해 행동으로 감정을 표현한다는 사실이 가장 힘들었다. 간약 무언가를 요구할 때 자해 행동을 한다는 일관성이라도 있다면 기능에 맞게 중재할 수 있을 텐데, 기능이 복합적이라 해결책을 찾기가 무척 어려웠다.

나는 은우의 새로운 의사소통 방법으로 'PECS(그림교환의사소통체계)'를 선택했다. 한 음절씩 어렵게 단어를 내뱉는 은우에겐, 표현하기 쉽고 상대방도 쉽게 이해하는 방식이 적합하다고 판단했다. 은우와 PECS 1단계를 연습하며, 그림 카드를 상대에게 건네 원하는 것을 요구하는 방법을 가르쳤다. 은우는 금세 PECS 2단계까지 수행할 수 있게 되었고, 나는 드디어 은우와 짧은 대화를 나눌 수 있게 되었다. 예를 들어, 은우가 젤리 그림 카드를 건네면 나는 바로 젤리를 주었다. 그림 카드를 이용하는 방법뿐만 아니라, 손짓으로도 의사를 표현하도록 가르쳤다. 두 손을 모아 보여주면 '주세요'라고 표현하는 것이었다. 아울러, 발음하기 어렵더라도 한 음절씩 단어를 내뱉도록 꾸준히 지도했다.

함께 성장하기

은우에게 새로운 의사소통 방법을 알려주면서, 요구 기능에 따른 문제 행동에 적절히 대응할 수 있게 되었다. 이제 은우가 왜 짜증을 내고 힘들어하는지도 파악할 수 있게 되었다. 예를 들어, 회피 기능이 나타날 때는 쉬고 싶다고 표현하면 일단 하던 일을 모두 끝낸 뒤 쉴 수 있게 해 주었다. 컨디션이 좋지 않아 문제 행동을 보일 때는 그날 바로 부모님께 연락해 주말에 특별한 일이 있었는지, 약 복용에 변화가 있는지 등을 확인하며 원인을 찾았다. 은우 덕분에 나 역시 더 많이 배우고 성장할 수 있었다.

학년말쯤이었을 것이다. 어느 날 은우가 나에게 먼저 다가와 "선.생.님.하.리.보.젤.리.주.세.요."라고 또박또박 완전한 문장으로 말했다. 그 순간 나는 너무 놀라 급하게 하리보 젤리를 가져다주었다. 은우와 이렇게까지 원활히 소통할 수 있게 되리라고는 기대하지 않았는데, 내가 더 크게 기대했다면 은우가 더 크게 성장했을지도 모른다는 아쉬운 마음도 들었다. 그때 실감했다. 교사가 학생의 가능성을 발견하고 믿어주는 만큼, 학생은 성장할 수 있다는 것을.

다음과 같은 단계로 의사소통 훈련을 진행했습니다.

PECS 1단계: 교환 개념 지도 및 교환 훈련

은우가 좋아하는 물건을 보여준 후 그 물건을 향해 손을 뻗으려고 하면, 해당 물건이 그려진 그림 카드를 손에 놓아줘요. 그다음, 교사에게 그림 카드를 건넬 수 있도록 신체적으로 안내하고, 은우가 그림 카드를 건네면 즉시 원하는 물건을 제공합니다.

장난감 그림 카드를 건네면

장난감을 준다.

PECS 2단계: 자발적 교환 훈련

교사는 아이에게서 좀 더 멀리 떨어진 곳으로 이동하고, 의사소통 판도 아이에게서 더 먼 곳에 둬요. 훈련을 반복하면서 아이와의 거리를 점차 늘려갑니다.

조금 멀리 떨어진
곳에 있는

장난감 그림 카드를
가져와 건네면

장난감을 준다.

임우진 작가 │ 카멜레옹 │ 아크릴 │ 45.5 × 53cm │ 2025

우리가 만들어 간
멋진 처음

어서 와~ 이런 곳은 처음이지?

꿈에 그리던 특수교사가 되어 마치 세상을 다 갖게 된 듯한 기분이었다. 일과 삶의 균형을 이루며 새롭게 시작할 수 있으리라 기대했지만, 첫 발령지가 발표되는 순간 만감이 교차했다. 집에서 통근할 수 없을 만큼 먼 거리, 낯설고 적막한 분위기의 작은 학교가 나를 기다리고 있었다. 더구나 통합교육은커녕, 특수학급에서도 하루 종일 행동 중재가 필요한 수인이를 담당하게 되었다. 수인이는 자폐성 장애와 지적 장애를 지닌 여자아이였다.

신규 교사의 시행착오

평온한 삶에 대한 기대는 깨졌고, 오히려 수인이 덕분에 온종일 정신을 바짝 차릴 수밖에 없었다. 한두 시간씩 울며 떼쓰기는 기본이었고, 드러눕거나 소리 지르는 행동도 이어졌다. 단체 활동이나 낯선 장소, 새로운 사람을 심하게 거부해 조회 시간은 물론 통합학급 수업에도 쉽게 참여하지 못했다.

'문제 행동이 오랫동안 고착되어 통합은 안 되겠지?'

'오늘은 날씨가 우중충해서 기분이 나쁜가?'

이렇게 수인이의 가능성을 스스로 제한하거나, 외부 요인 탓으로 돌리며 시행착오를 반복했다.

드디어 찾아온 기회

'왜 이렇게 행동하는 걸까?'

'내가 어떻게 도와줘야 할까?'

선배 교사의 권유로 긍정적 행동 지원과 응용 행동 분석을 공부하면서 문제 행동을 바라보는 관점이 바뀌었다. 타쁜 나날이었지만 예전의 실수를 만회할 기회를 놓칠 수 없었다. 우선 수인이가 왜 문제 행동을 일으키는지 주목하기 시작했다.

수인이는 등교하자마자 특수학급에 마련된 놀이 공간에 들어서며 울기 시작했고, 엄마가 올 때까지 그칠 기미가 없었다. 무언가를 얻고 싶어도 말보다는 떼쓰는 등 행동으로 표현했고, 주어진 활동을 피하려 애썼다.

"수인아, 가방 놓고 우유 가지러 가자."

"공부하고, 쉬었다가 엄마 오시면 집에 갈 거야."

수인이는 구조화된 환경에서 시각 자료로 다음 일정을 예고해 주면 불안감을 덜고 기다릴 수 있는 아이였다. 그런 강점을 살리기 위해 먼저 교실 환경을 개선해 나갔다. 지시할 때는 그림이나 사진을 함께 제시했다. 그러나 종종 공부 시간에도 놀이 공간에 들어가려 했고, 그럴 때마다 제지하기가 쉽지 않았다.

'과제가 많았나?', '착석 시간이 길었나?' 이유를 고민하며 수인이가 좀 더 자연스레 과제에 참여하게 할 방법을 찾아봤다. 고민 끝에 과제의 양을 줄이고 40분 수업 시간 동안 공부와 휴식을 서너 차례 반복하도록 했다. 그리고 쉬는 시간에 할 만한 활동을 다양한 그림으로 제시했다.

"쉬는 시간이야. 하고 싶은 놀이를 골라보자."

수인이는 여전히 "쉬고 싶어요", "눕고 싶어요"라고 말하며 누워 있을 때가 많았지만, 가끔은 다른 활동을 선택하기도 했다. 점차 다양한 활동을 선택하게 되면서 문제 행동의 빈도와 강도도 줄기 시작했다. 나에게도 긍정적인 변화가 찾아왔다. 아이의 행동에 감정적으로 반응하지 않고, 평정심을 유지할 수 있게 된 것이다.

특수학급 문밖으로 나가기

이렇게 꾸준히 노력하자, 수인이는 특수학급에서 점차 안정적으로 생활하기 시작했다. 우리 아이의 달라진 모습을 보며 이 긍정적인 변화를 뽐내고 싶은 욕심이 생겼다. 그리고 일반화할 수 있을지도 궁금해졌다. 그렇게 드디어 통합학급에 첫발을 내딛도록 했다.

차분히 점진적으로 통합할 수 있도록 기다리고 기회를 주며 지원한 결과, 수인이는 조회 시간에 앉아 있기, 통합 체육 활동 참여, 통합학급에서 인사하고 후식 먹기, 머리 묶고 활동하기 등을 할 수 있게 되었다. 또한, 특수학급에서 습득한 개별 과제를 혼자 수행하고 알림장을 쓰는 등 학습 활동에도 흥미를 보였다.

이러한 행동이 쌓일수록 우리의 관계도 더 돈독해졌다. 서로를 바라보며 미소 짓는 일이 많아졌고, 수인이는 '아, 이게 되는구나'라는 생각이 들 만큼 눈에 띄게 변화했다. 그 모습 변화가 참 신기했다.

함께 성장한 우리

더디 가는 모습에 답답함을 느꼈고 불투명한 상황에 두려움이 밀려왔지만, 첫 교직 생활에서 만난 수인이 덕분에 나는 교사로서 더 성장할 수 있었다. 그때의 기억이 희미해져 가다가도 점심시간에 머리를 단정하게 묶고 통합학급에 올라가 친구들 사이에서 후식을 맛있게 먹던 모습, 개별 과제 다섯 가지를 혼자 수행한 후 다 마쳤다며 뿌듯하게 말하던 모습, 하교 전 칠판에 적힌 알림장 내용을 스스로 옮겨 적으며 어머니를 기다리던 모습을 떠올리면 지금도 마음이 참 흐뭇하다.

문제 행동을 중재하는 과정에서 많은 어려움을 겪었지만 도움을 요청할 때마다 기꺼이 손 내밀어 주신 선배 교사와 학교 관리자, 외부 전문가, 지원인력, 학부모의 협조와 동행으로 길고도 고된 여정을 지나갈 수 있었다.

지금도 나에게는 그때의 경험이 매우 소중하게 남아있다. 문제 행동을 개선하기 위해 시간과 비용을 들여 교육 기회를 찾아다니며 특수교사로서의 정체성을 확고히 세워갈 수 있었기 때문이다.

수인이가 어떻게 지내는지 가끔 궁금하다. 수인이에게도 그때의 경험이 의미있게 기억되고 살아가는 데 조금이나마 도움이 되기를 바라는 마음이다. 수인이와 나의 앞 날에 밝은 미래가 펼쳐지기를 희망한다.

학부모, 전문가, 동료 교사와 협력

수인이의 문제 행동을 면밀히 분석하고 효과적으로 중재하기 위해 동영상 촬영 및 활용에 대한 학부모 동의서가 필요했어요. 동의서를 받은 뒤에는 촬영한 영상을 ABA 전문가와 연구회 선생님들께 공유하며 다양한 피드백을 받았습니다.

<table>
<tr><td colspan="5" align="center">아동 행동 자료 수집 및 이용 동의서</td></tr>
<tr><td rowspan="2">본인</td><td>성명</td><td></td><td>학교경</td><td></td></tr>
<tr><td>생년월일/연락처</td><td></td><td>학년/반</td><td></td></tr>
<tr><td rowspan="2">보호자</td><td>성명</td><td colspan="3"></td></tr>
<tr><td>생년월일/연락처</td><td colspan="3"></td></tr>
</table>

◦ 아동 행동 자료 수집 및 이용 목적
– 특수교육 대상 학생들의 행동 발생의 전후 맥락을 파악하여 학생의 긍정적 핟동 지원 방안 모색
– 긍정적 행동 지원 교사 연구회 회원 및 행동 지원 전문가와 자료를 공유하여 중재 방안 개발

◦ 수집 방법
– 비디오 촬영

◦ 보유 및 이용 기간
– 학생의 행동이 개선되어 특별한 지원이 요구되지 않는다고 판단될 때까지

· 개인정보를 수집, 이용하는 데에 대한 동의를 거부할 권리가 있으더, 거부 시 행동 지원을 위한 중재 방안을 마련하고 개발하는 데 지장이 초래될 수 있음.

※ 촬영된 수업 장면은 특수교사 및 긍정적 행동 지원 교사 연구회 회원 및 행동 지원 전문가 이외에는 열람이 불가하며 철저한 보안 유지를 보장합니다.
※ 수집한 개인정보는 정보 주체의 동의 없이 수집한 목적 이외의 용도로 사용하지 않고 제삼자에게 제공되지 않으며 보유 및 이용 기간 만료 이후에는 파기합니다.

개인정보 수집, 이용에 동의하십니까?　☐ 동의　☐ 동의하지 않음

위 본인 __________ ⑩　보호자 __________ ⑩

초등학교장 ○○○

ABA 관찰 기록

ABA 관찰 기록으로 문제 행동의 원인을 알아보니 요구, 회피 순으로 나타났어요.

대상	날짜/시간	직전에 있었던 일	상황/환경(A)	문제 행동(B)
채○○	12/16(수)	등교 시간, 신발장 쪽에서 소리가 나서 나가봄.	어머니가 뛰어오시더니 말씀해 주심. "미안해"라고 말했더니 "보비 보비." 하고 소리를 내면서 기분이 좋지 않다는 표현을 하기 시작했다고 함.	울기, 소리 지르기, 눕기, 책상 치기.

시각 자료 제작

환경 조성, 대체 행동 교수, 강화를 통해 점차 바람직한 행동을 늘리도록 지도했습니다.

· 기본 생활 습관 지도

화장실 가기, 휴지 사용하기, 손 씻기, 밥 먹기, 머리 묶기 등 기본 생활 습관을 형성하도록 지도했으며, 통합학급 상황에서 해야 할 일(인사하기 등)을 순서대로 제시했어요.

화장실 가기	휴지 사용하기	손 씻기	통합 상황

· 시각 스케줄

공부, 휴식, 귀가 시간을 순서대로 알려주기 위
해 활동을 세분화하여 제시했어요.

· 학습 지원(대체 행동 교수)

착석 시간과 과제의 양을 수시로 점
검하며 활동을 적절히 나누고 점차
늘려가면서 학습을 지원했습니다. 또
한, 문장으로 말하기나 시계 보기 등
도 함께 지도했어요.

· 다양한 놀이 활동(강화) 제시

누워 있기만 하던 모습에서 벗어나
다양한 놀이를 즐길 수 있도록 여러
종류의 보드게임과 장난감 사진을
함께 보여주며 선택할 수 있게 했습
니다. 또 혼자서도 활동할 수 있도록
시각 자료를 활용해 순서를 제시했
습니다.

· 착석 시간 늘리기

착석해야 하는 때를 알려 주기 위해 공부 시간과 휴식 시간을 구분해 놓은 시각 자료를 활용했습니다. 또한, 한 가지 활동을 짧은 시간 단위로 나누고, 매시간 착석 행동을 강화하기 위해 토큰을 활용했습니다.

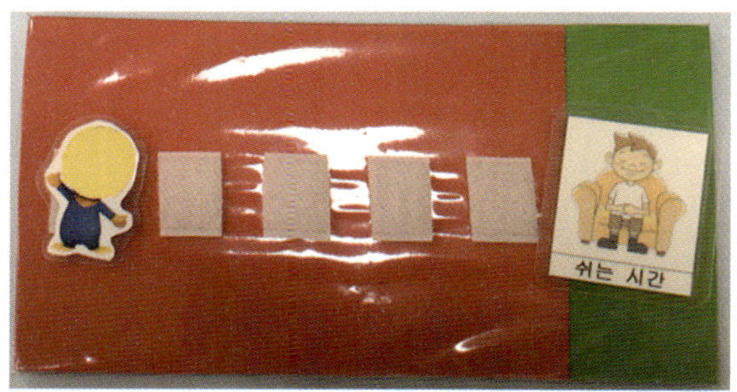

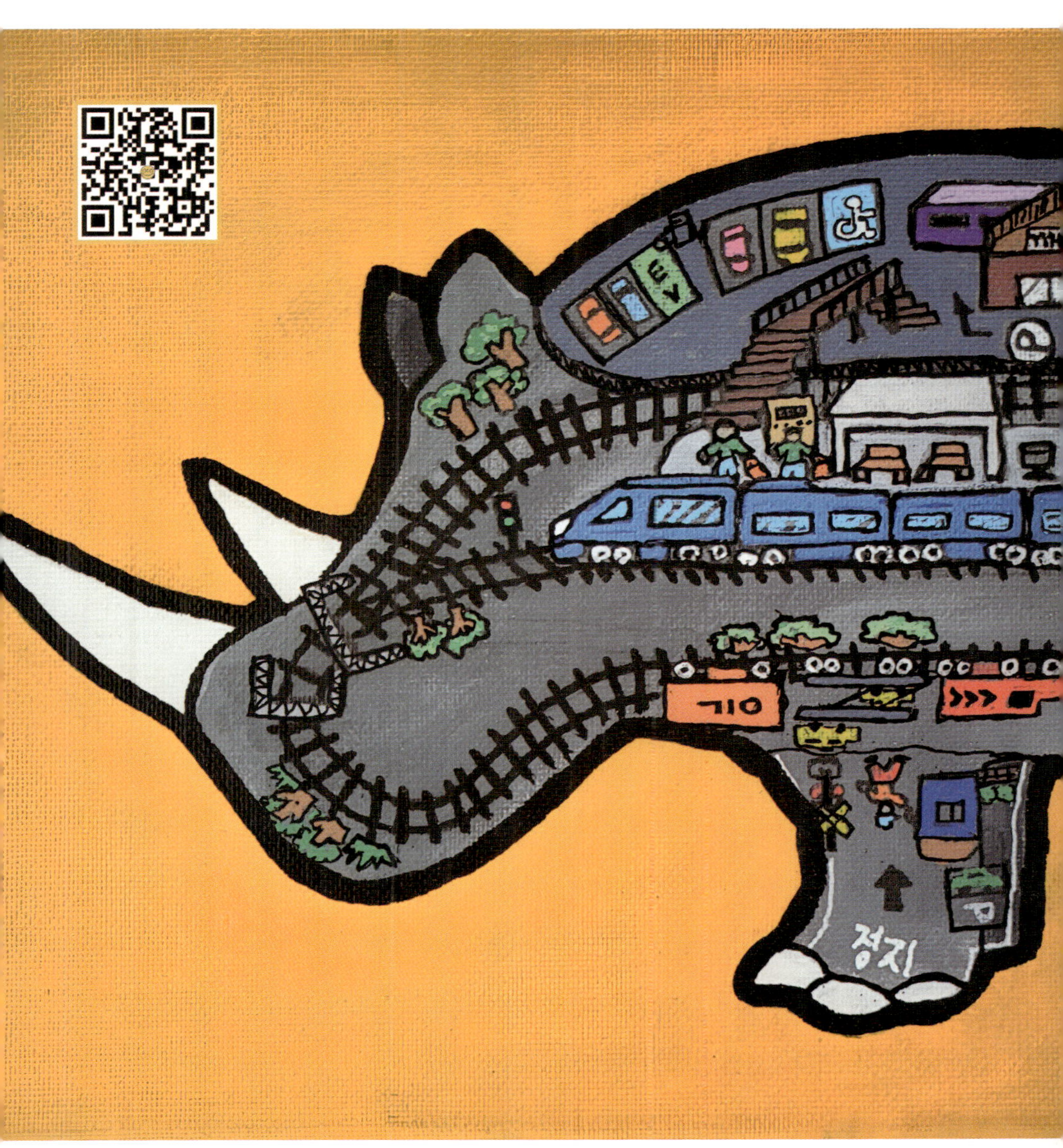

최윤우 작가 | 코뿔소 마을 기차역 | 아크릴 | 20 × 20cm | 2025

너를 이해하려면
어떻게 해야 할까

민서와 할머니

통합학급을 처음 맡았을 때 만난 민서를 생각하면, 민서 옆에 서 계시던 민서 할머니가 함께 생각난다. 민서는 웃기도, 울기도 잘하던 학생이었다. 자폐 스펙트럼 장애가 있어, 한 번 울기 시작하면 달래기가 쉽지 않았다. 오직 함께 웃을 때만 민서와 교감할 수 있었다.

민서가 학교생활에 잘 적응하도록 더 깊이 고민하게 된 계기는, 민서의 등교를 도와주신 할머니 때문이었다. 순탄하지 않은 등굣길에도 늘 단정한 모습으로 오셔서, 담임에게 90도 허리 숙여 인사하시는 할머니를 보며 '민서 할머니는 어떤 마음이실까?' 하고 생각하곤 했다. 손자를 맡고 있다는 이유로 자신보다 한참 어린 교사에게 고개 숙여 정중히 인사하시는 할머니의 모습을 보며, 때로는 숙연해지고 그 한결같은 모습에 부끄러운 마음이 들기도 했다. 그런 시간을 보내며 자연스럽게 민서를 둘러싼 교육 환경, 가정 연계에 대해 생각하게 되었다.

이해하기 위해 필요한 것

민서의 학교 적응과 학습 개선을 위해, 집에서의 생활과 등교 전 마음가짐을 살펴보게 되었다. 또 민서가 좋아하고 관심있는 것, 등교 전 상황, 하교 후 생활 방식의 이해가 필요하다는 것을 느꼈다. 민서를 이해하려면, 가정과의 긴밀한 협력과 대화나 소통이 필요했다. 대화하기는 어렵지만 다른 방법으로 소통하고 알아가는 방법을 찾기 시작했다.

매일 미니 상담

'매일 미니 상담'이라는 시간을 통해 매일 등하교를 함께하는 보호자와 짧은 대화를 시작했다. 교실 안의 상황만으로 온전히 알기 어려운 배경이나, 일상적인 생활 습관에 미치는 영향 등을 확인할 수 있는 소중한 시간이었다. 조부모님과 함께 지내며 어떤 정서적 지원과 지지가 이루어지는지, 어떤 자극을 좋아하고 싫어하는지 등도 편하게 대화할 수 있었다.

꾸준한 '매일 미니 상담'을 통해 짧은 대화가 쌓이며 가정 속의 갈등 상황과 잠재적인 스트레스 요인을 파악할 수 있었고, 민서의 일상과 생활 방식을 더욱 깊이 이해하게 되었다. 민서가 좋아하는 활동이나 불안해하는 상황을 파악하게 되면서 민서가 우는 이유를 조금이나마 헤아릴 수 있게 되었다. 민서를 이해하니 이전 보다 정확하고 필수적인 지원을 제공할 수 있었다.

신뢰와 존중이 있는 협력적 관계

가정과의 협력은 단순한 정코 교환에 그쳐서는 안 된다. 학부모와 대화할 때는 반드시 신뢰와 존중을 바탕으로 협력적 관계를 구축해야 한다. 학부모에게 단순히 "이것을 해주세요, 저것을 해주세요"라고 일방적으로 요구만 해서는 안 된다. 학생의 행동과 습관을 함께 공유하며 교사와 학부모가 어떻게 지원할 수 있을지 고민해야 한다. 이러한 대화를 바탕으로 긍정적인 변화를 끌어내는 것이 중요하다.

이런 과정을 통해 민서 보호자와 더 깊은 신뢰 관계를 쌓을 수 있었고, 민서뿐만 아니라 다른 학생들도 민서와 함께하는 시간에 점차 안정감을 느끼기 시작했다. 신뢰와 존중을 바탕으로 한 소통 덕분에 학급 친구들은 민서의 특별한 상황을 이해하게 되었고, 민서가 학교생활을 즐겁게 보낼 수 있도록 함께 힘을 모았다. 그 결과 민서는 학기 초보다 훨씬 자주 웃음을 보이며 한 해를 마무리할 수 있었다.

학부모 상담, 이렇게 했습니다

· **작은 소통으로 신뢰 쌓기**

학부모 상담 주간뿐만 아니라 수시로 짧은 상담 시간을 가졌어요. 이러한 시간을 통해 교사와 학부모는 아이에 대한 이해를 공유하고 서로의 요구를 파악할 수 있었어요. 그리고 매일 보내드리는 알림장이나 교육 활동 안내도 매우 훌륭한 관계 형성의 통로가 되었어요. 이처럼 학교의 일상을 꾸준히 알려드리면, 교사가 아이에게 관심을 기울이고 있다는 신뢰를 주고, 아이가 학교생활을 안정적으로 하고 있다는 실제적인 정보까지 드릴 수 있습니다. 이처럼 작더라도 꾸준히 소통을 이거가는 것이 매우 중요합니다.

· **경청, 공동 목표, 공감을 통한 협력 관계 형성하기**

장애를 지닌 자녀를 둔 학부모의 마음을 모두 이해할 수는 없지만, 학부모의 이야기에 언제나 경청하고 어려운 상황을 이해하며 공감하려 노력했습니다. 물론 많은 학생을 지도해야 하는 통합학급의 상황이 쉽지만은 않습니다. 그러나 '학생의 건강하고 행복한 학교생활'이라는 공동의 목표를 중심으로 학부모와 대화하는 것이 곧, 학생, 학부모, 교사의 행복임을 알게 되었습니다. 대화를 이어가고 소통하며 학부모의 마음이 열리고 교사와 학교에 대한 신뢰가 쌓이는 것을 경험했습니다. 이렇게 교사와 학부모는 자연스럽게 한 팀이 될 수 있었습니다.

최윤우 작가 │ 코끼리 마을 철도 건널목 │ 아크릴 │ 20 × 20cm │ 2025

많이 서툴러서 미안해

울음 많은 아이를 만나다

오래전 만났던 동이를 생각하면 부끄럽다. 준비되지 못하고 어쩔줄 몰라하던 내 모습이 함께 떠오르기 때문이다. 그러나 동이와의 만남이 있었기 때문에 통합학급 교사에게 어떤 마음가짐이 더 필요한지 알 수 있었다. 부끄럽지만 솔직하게 동이와의 짧은 이야기를 소개해보려 한다.

수업 시간, 갑자기 괴성이 들린다. 동이가 공부하기 싫다며 울기 시작한 것이다. 다른 아이들은 어쩔 줄 몰라 당황한 표정으로 나를 바라보았다. 다행히 지원인력이 동이를 다독이자, 조금씩 안정을 되찾기 시작했다.

완전 통합으로 우리 반에 배치된 동이는 지적 장애를 지닌 학생이었다. 교문이나 복도에서 만나면 큰 소리로 "안녕하세요"라고 인사하는 인사성 밝은 아이였다. 하지만 마음에 들지 않는 일이 생기면 울어버리곤 했다. 쉬는 시간이든 수업 시간이든 가리지 않고, 자기 마음에 맞지 않으면 소리 내어 울었다. 목소리가 보통 큰 게 아닌 데다, 울다가 안 되면 드러눕기까지 했다. 지원인력은 양 손목에 손목 보호대를 항상 착용했다.

동이를 처음 만났을 때, 나는 장애 학생에 대한 이해와 경험이 부족해 어떻게 접근해야 할지 몰랐다. 그저 지원인력의 도움에 의존하며, 수업 분위기가 하루하루 잘 유지되기만을 바랄 뿐이었다.

어떻게 해야 할지 모르는 담임교사

지원인력이 오지 못하는 날이면 늘 긴장했다. 동이가 지원인력이 곁에 없다는 것을 알고 기회만 있으면 교실 밖으로 나가려 했기 때문이다. 수업 중 나를 보며 웃고 있지만 언제 뒷문으로 도망갈지 모르기 때문에 긴장할 때가 많았다. 만약 뒷문을 미리 잠그지 않은 날에는 교사의 눈을 피해 슬며시 도망치곤 했다. 그럴 때면 바로 수업을 중단하고 아이를 쫓아가야 했다. 다른 학생들의 도움을 받아 어떻게든 교실로 데려올 수 있으면 다행이었지만, 중간에 복도나 운동장에서 드러눕기라도 하면 긴 실랑이가 시작되었다. 지원인력이 왜 항상 보호대를 착용해야 했는지 이해할 수 있었다.

미안한 마음

그렇게 하루하루를 보냈던 시절을 돌아보면, 동이에게 미안한 마음이 많이 든다. '내가 학생의 마음을 좀 더 깊이 이해하고, 교출 행동이나 돌발 행동에 대한 경험이 더 많았다면 동이를 좀 더 세심하고 효과적으로 도와줄 수 있지 않았을까? 학급의 다른 학생들에게도 힘든 시간을 덜어 줄 수 있지 않았을까?' 하는 생각이 든다.

동이와의 시간을 통해 부족했던 나의 모습, 묵묵하게 기다려 준 교실의 다른 학생들, 그리고 담임교사보다 더 많은 사랑으로 동이를 지도해 준 지원인력에 대한 고마움이 떠오른다. 학생의 특성을 더 잘 이해하고 좀 더 적절한 방법으로 도와주었다면 좋았을 텐데, 하는 아쉬움도 있다. 앞으로 학생 한 명 한 명의 필요에 맞춰 지원하고 도와줄 수 있는, 더 성숙한 교사로 성장한 내 모습을 그려 본다.

협력을 통한 통합학급 운영하기

장애 학생을 지도한 경험 없이 통합학급을 맡게 되면 누구나 염려가 앞서고 당황할 수 있어요. 저 역시 그랬습니다. 하지만 교육 공동체의 협력을 통해 행복하고 안전하게 통합학급을 운영할 수 있었어요.

특수교사는 학급 친구들이 동이를 이해할 수 있도록 인식 개선 교육을 진행했고, 지원인력은 동이가 통합학급 수업에 원활히 참여할 수 있도록 곁에서 도와주었어요. 저는 통합학급 담임교사로서 동이가 우리 반에서 소속감을 느끼도록 매일 이름을 불러주었고, 작은 역할을 맡기며 모든 활동에 참여할 기회를 주었습니다. 이러한 소소한 협력을 통해 동이뿐만 아니라 다른 친구들도 함께 성장할 수 있었습니다. 처음부터 잘하는 담임교사는 없어요. 하나씩 하나씩 배우되 포기하지 않는 마음만큼은 꼭 전하고 싶습니다.

최윤우 작가 | **나의 특별한 친구 최히하우** | 아크릴 | 30cm 원형 | 2025

최윤우 작가 | **우주로 GO GO** | 아크릴, 마커펜, 색연필 | 54.5 × 78.8cm | 2025

대화가
필요해

처음은 소중해

초등학교는 율이에게 첫 교육기관이었다. 4시간마다 특별한 우유를 데워 먹이지 않으면 응급실로 가야 할 만큼 건강이 예민했기에 어머니는 아이의 상태가 걱정되어 쉽게 교육기관에 맡길 수 없었다.

처음 학교생활을 시작한 율이는 의자에 앉는 것조차 어려워했지만, 수업을 지루해하는 다른 아이들과는 달리 교사가 제시하는 모든 활동을 즐겁게 따라주었다. 매일 반짝이는 눈빛으로 수업에 몰입하는 율이의 모습을 보며 수업할 수 있었던 것은 교사로서 큰 기쁨이었다.

수화를 가르치면 어떨까요?

율이는 쉬는 시간이면 교사에게 엉덩이를 뒤로 내밀며 다가왔다. 자신을 들어 돌려달라는 뜻이었다. 한두 번 돌려주고 나면 이내 엎드리더니 턱을 바닥에 찧곤 했다. 무슨 말을 하고 싶은 것일까? 율이가 눈물을 흘리거나 얼굴이 빨개지도록 화를 내도 율이의 마음을 알 길이 없었다.

율이는 언어로는 자기 의사를 표현하지 못했다. 울음이나 의성어, 몸짓 등으로 마음을 표현하려 했지만 충분하지 않았다. 몸이 아프면 그저 축 처져 있었고, 배가 고프면 짜증을 내는 게 전부였다. 말로 표현하지 못하니 마음을 제대로 전하지 못했고, 나는 아이의 마음을 정확히 알 수 없어 답답했다. 바닥에 무기력하게 엎드려 있는 게 일상인 율이를 보며 안타까운 마음만 커졌다.

그러던 어느 날이었다. 공놀이를 하다가 율이의 입술이 크게 찢어졌다. 나는 아이에게 "아파서 울었어?"라고 물으며, 우는 몸짓을 보여주었다. 두 시간쯤 지난 후, 율이는 자신의 다친 입술을 가리키며 우는 몸짓을 그대로 따라 했다. 자신의 경험을 상징적 표현으로 전한 것이었다. 정말 놀라웠다.

그날의 이야기를 율이 어머니에게 전하자 "수화를 가르치면 어떨까요?"라고 말씀하셨다. 맞는 말이었다. 손짓으로 의사소통하는 법을 배우면 되겠다고 생각했다. 나는 어머니에게 우리나라에는 '손담'이라는 게 있으니 가르쳐보자고 제안했다.

손담으로 잇는 학교와 가정

어머니와 매주 월요일 1교시에 만나 아이에게 필요한 어휘를 선별하고, 가정에서의 지도 방법을 안내해 드렸다. 나는 학교에서 어머니와 함께 선정한 손담 어휘를 국어 시간, 쉬는 시간, 점심시간을 활용해 가르쳤다.

국어 시간에는 필요한 어휘를 먼저 시범으로 보여준 다음, 아이가 따라 하면 피드백을 주는 직접 교수 방법을 적용했다. 쉬는 시간과 점심시간에는 국어 시간에 익힌 어휘를 실제로 활용할 기회를 마련하고, 촉진을 통해 율이가 자연스럽게 사용해 볼 수 있도록 했다.

율이가 손담을 사용할 때마다 크게 칭찬하고, 원하는 것을 즉시 제공했다. 새로운 행동을 가르치는 데 강화는 필수이기 때문이다. 손담 교육은 학교에서만 이루어진 것이 아니었다. 가정에서도 어머니가 손담을 활용할 수 있도록 목표 어휘에 따른 상황별 스크립트를 작성해 드렸다. 어머니는 식사 시간, 취침 시간, 등교 시간 등 자연스러운 상황에서 손담을 가르쳤고, 그 과정을 동영상으로 촬영해 교사와 공유했다.

의사소통이라는 작은 기적

율이에게 손담으로 의사소통하는 방법을 가르치자 자연스럽게 단어를 모방해 말하기 시작했다. 처음 내뱉은 단어는 '공'이었다. 쉬는 시간에 가지고 노는 공을 달라고 손담으로 표현할 때 "공"이라고 말하며 건네주자, 율이가 그대로 따라 말하는 게 아닌가? 그때 율이의 목소리를 처음 들었다. 겁이 없고 활동적인 율이의 성격에 걸맞는 멋진 목소리였다.

쓸 수 있는 구어만 늘어난 게 아니었다. 자발적인 의사소통 횟수도 급격하게 늘었다. 놀라운 것은 쉬는 시간마다 늘 엎드려 있던 모습이 사라졌다는 점이다. 자신이 원하는 놀잇감을 찾아 교사에게 달라고 표현하며 노느라 쉬는 시간이 짧게 느껴질 정도였다. 친구들과 놀잇감을 가지고 노는 시간도 많아졌다. 율이가 원하는 것이 너무 많아 교사인 나도 정말 바빠졌다.

세상과 소통할 수 있는 '무기'를 얻게 된 율이는 자신감도 한층 더 높아졌다. 무기력하게 엎드려 턱을 찧던 모습도 온데간데없이 사라졌다. 집에서도 마찬가지였다. 바닥에 머리를 박는 문제 행동을 더는 하지 않았다. 아이는 세상에 말을 건네고 싶었던 것이다.

문제 행동을 중재하려면 그 행동 자체의 문제에만 집중해서는 안 된다. 그래서는 장기적인 효과를 기대하기 어렵다. 아이가 문제 행동을 통해 전하려던 마음을 세상에 표현할 수 있도록 강력한 무기를 쥐어줘야 한다. 율이는 손담을 통해 그 무기를 얻게 되었고, 정말 기적처럼 자연스럽게 문제 행동이 사라졌다.

아이의 우주, 엄마

"엄마!"

무발화였던 아이가 "엄마!"라고 부르기 시작했다. 단어를 띄엄띄엄 말하며 자기 의사를 표현하기 시작하면서 문제 행동도 자연스럽게 사라졌다.

교사로서 깊은 보람을 느꼈지만 가정의 협력이 없었다면 불가능했을 것이다. 처음 수화를 가르쳐보자고 제안했던 어머니 역시 정말 열심히 배우고, 정성껏 가르치셨다. 교사와 어머니가 한마음으로 아이를 위해 달린 끝에 작은 기적이 찾아왔다. 함께하는 힘이 얼마나 큰지 다시금 가슴 깊이 느낄 수 있었다.

적절한 의사소통 교육(기능적 의사소통)

기능적 의사소통 교육은 아동의 문제 행동이 나타나는 기능에 맞춘 의사소통을 가르치는 것을 목표로 합니다. 하지만 율이의 문제 행동은 의사소통의 부재로 인해 관심, 요구, 감각, 회피 등 다양한 기능을 모두 포괄하고 있었어요. 따라서 율이에게 필요한 어휘 목록을 어머니와 함께 선정하고, 율이의 인지 수준에 맞는 의사소통 방식으로 손담을 선택하여 지도했습니다.

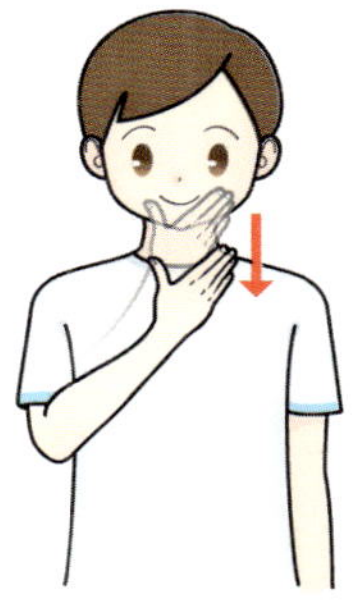

[출처]
국립특수교육원 온맘 홈페이지 '남자'

부모 교육 실시

아동이 가장 자주 의사소통하는 장소인 가정에서 의사소통이 일반화되는 것은 매우 중요합니다. 이를 위해 어머니가 가정에서도 손담을 활용할 수 있도록 주 1회 30분씩 부모 교육을 진행했어요.

· **목표 어휘 제시 및 수정**
  어머니와 함께 선정한 목표 어휘 20개 중, 한 주간 달성할 목표 어휘를 정했어요. 이후 어머니에게 목표 어휘를 손담으로 시범 보여드리고 시연해 볼 기회를 제공하며, 긍정적인 피드백을 제공했습니다.

· **일과 중 의사소통 스크립트 제공**

목표 어휘를 가르칠 수 있는 일과표와 아동과 함께 활용할 수 있는 스크
립트를 제공했어요. 식사 시간이나 취침 시간처럼 자연스러운 상황에서
목표 어휘를 사용할 기회를 포착하고, 자연스럽게 가르칠 수 있도록 전략
을 세워 대화 형식의 스크립트를 작성했어요. 무엇보다 어머니가 직접 쉽
게 활용할 수 있도록 하는 데 중점을 뒀습니다.

<table>
<tr><td align="center">스크립트 예시</td></tr>
<tr><td>

〈일과: 하교 시간〉

– 어머니: "엄마, 안녕하세요"라고 인사하며 '엄마 동작'을 시범 보인다.
– 율: 엄마 동작을 따라 한다.
– 어머니: 엄마 동작을 따라 하면, "잘했어"라고 칭찬한다.
　　　 따라 하지 않으면, 다시 "엄마"라고 말하며 시범을 보인다.
　　　 그래도 따라 하지 않으면, 신체적으로 도움을 준다.

</td></tr>
</table>

· **행동 코칭**

먼저 스크립트를 제공하고, 이를 활용하여 아동에게 어휘를 가르치는 시
범을 어머니에게 직접 보여드렸습니다. 그다음 어머니가 시연하도록 한
후, 피드백을 제공하는 코칭 과정을 진행했습니다. 어머니는 자녀를 가장
잘 아는 전문가이지만 교수 방법의 전문가는 교사이므로, 가정에서 아이
에게 어휘를 효과적으로 가르칠 수 있도록 구체적인 전략을 코칭하는 과
정이 매우 중요합니다.

최윤우 작가 | **부엉이의 특별한 밤** | 아크릴, 마·커펜 외 | 51 × 61cm | 2025

조금씩
성장

새로운 경험

업무 분장을 앞두고 분주함과 어수선함이 감돌던 12월, 수십 번의 망설임 끝에 1학년을 선택하여 업무 분장표를 제출했다. 그때는 상상도 못 했다. 이 선택이 나의 교직 생활을 새로운 방향으로 이끌게 될 줄은….

발령 이후 줄곧 고학년만 맡아오던 나는, 새로운 경험을 하고 싶다는 생각에 1학년 담임이라는 파격적인 선택을 했다. 내가 맡은 반에는 특수교육대상학생도 포함되어 있었다. 처음 맡는 1학년, 처음 만나는 특수교육대상학생. 낯선 것투성이였다.

새 학년 준비 기간에는 특수교사를 만나 통합학급 운영 방안과 학생

지원 방법 등을 협의했다. 떨리고, 불안하고, 걱정도 됐지만 설렘도 컸다. 여러 감정이 복잡하게 뒤섞인 채, 말로 다 형용하기 어려운 마음을 안고 입학식을 준비했다. 바쁜 2월이었다.

강렬한 첫 만남

3월 2일, 입학식이 다가왔다. 한 명씩 학생들과 인사를 나누고 이름을 확인하며, 가방과 실내화 주머니를 정리하는 방법을 알려주었다. 정신없이 학생들을 맞이하고 있는데 교무부장님고 함께 정후가 교실에 들어왔다. 키가 내 허리 정도밖에 되지 않을 만큼, 또래보다 유난히 작고 왜소한 학생이었다.

입학식이 진행되는 동안 정후는 계속 교실을 두리번거렸고, 옆자리 친구의 가방을 발로 툭툭 차는 등 주변에 끊임없이 관심을 보였다. 전해 들은 대로 호기심 많은 학생이었다. 2시간 남짓 짧게 진행된 입학식이었지만, 정후와의 첫 만남은 강렬하게 남았다.

좌충우돌 3월

정후는 학년 초에 착석을 유지하지 못하고 수업 중 자주 돌아다녔다. 교사와 친구들의 물건을 가져가서는 돌려주지 않겠다고 고집을 부리는 일도 다반사였다. 오전 내내 부산하게 움직이다 보니, 오후 수업 시간에는 체력이 떨어져 대부분 잠으로 보내곤 했다.

솔직히 말해, 그해 3월은 정확히 기억나지 않는다. 많은 변화가 한꺼번에 몰아쳤고, 하루하루를 버티는 데 급급했기 때문이다. 하지만 그 수많은 변화의 소용돌이 속에서 나도 모르는 사이에 자연스럽게 학생들과 조금씩 호흡을 맞춰가고 있었고, 나의 걱정과 우려가 무색할 만큼 아이들은 각자의 속도대로 차근차근 성장해 갔다.

성장의 힘

'자연스러운 성장'은 정후에게도 어김없이 찾아왔다. 5교시가 되면 책상에 엎드려 잠을 자던 정후였지만, 시간이 흐르면서 점차 수업에 참여하는 모습을 보이기 시작했다. 학년 초에는 교실을 돌아다니거나 친구의 물건을 가져가고 싶어서 떼를 쓰며 울곤 했는데, 점차 교사의 지시에 따라 행동을 중단하고 머쓱한 표정으로 자기 행동이 잘못되었음을 인지하는 듯한 모습을 보였다.

교사가 활동지를 꺼내면 친구들에게 나눠주기 위해 지원인력과 함께 씩씩하게 앞으로 걸어 나왔다. 자기가 맡은 '나눔 천사' 역할을 이해하는 듯했다. 이동을 위해 줄을 서야 할 때는, 바른 자세로 앉아 있다가 자기 이름이 불리면 걸어 나와 줄 맞춰 섰다.

정후가 수업에 원활히 참여할 수 있도록, 특수교사와 여러 차례 협의했다. 실로폰 채의 헤드 재질을 바꾸거나, 단어를 오려 붙이는 방식으로 글씨 쓰기 활동지를 수정하는 등 정후가 따라올 수 있도록 교수·학습 자료나 내용을 조금씩 조정했다.

이처럼 수업 자료와 방법을 정후에게 맞춰 조정해 가자, 정후도 점점 통합학급의 일과에 적극적으로 참여하기 시작했다. 수업 중 바르게 앉아 주어진 과제를 스스로 해내는 등, 예전보다 훨씬 더 안정된 태도로 수업에 따라오는 모습을 자연스레 볼 수 있었다.

정후가 할 수 있는 부분을 찾아 조금씩 수정했을 뿐인데, 수업 참여도와 분위기가 점차 좋아졌다. 정후 또한 자기 자리를 스스로 찾아가는 모습을 보여줬다. 이러한 변화가 참 반가웠다. 작은 조정이 수업에서 얼마나 중요한 의미를 지닐 수 있는지 다시금 느끼게 되었다.

정후는 언제 우리 교실에 오나요?

통합학급 친구들도 정후를 매우 좋아했다. 특히 자리를 바꿀 때면 정후와 짝꿍 하고 싶다는 학생들이 많았다. 쉬는 시간마다 정후 주변에 많은 학생이 모여들어, 늘 인산인해를 이뤘다. 아이들은 수시로 정후가 언제 교실에 오느냐고 물었다. 정후가 특수학급에서 올라오는 날에는 정후를 마중 나가겠다며 들뜬 모습을 보였다.

자신들과 조금 다른 모습을 보이는 정후가 이상해 보이고 거리감을 느낄 수도 있는데, 같은 반 친구로 온전히 받아들인 아이들의 순수함에 가슴 뭉클했고 마음이 따뜻해졌다.

다시 특수교육과로 진학

일 년이 지나, 학생들은 2학년이 되었다. 일 년 동안 통합학급을 잘 운영하기 위해 특수교사와 끊임없이 소통하고 각종 정보를 탐색하며 다양한 시도를 해보았지만, 여전히 아쉬움이 많이 남았다.

많이 부족하고 실수투성이인 담임교사의 지도를 받아야 했지만, 정후는 자연스럽게 성장해 주었다. 그 모습을 보며 '내가 조금 더 전문 지식을 갖췄다면, 통합학급을 더 의미 있게 운영할 수 있었을 텐데.' 하는 생각이 들었다. 긴 고민 끝에, 다니던 대학원을 자퇴하고 특수교육과에 진학하기로 결심했다.

작고 소중한 마음의 씨앗

교육대학원 특수교육과에 진학하여 공부하는 동안 특수교육대상학생을 두 명 더 만났다. 대학원 수업을 통해 지식을 쌓고 다양한 현장의 사례를 나누며, 본격적으로 통합학급 운영에 관심을 두고 다양한 시도를 해볼 수 있었다.

내가 만나는 학생들이 잘 성장하기를 바라는 마음과 아이들이 다름을 유연하게 받아들이도록 가르치고자 하는 열정이 식지 않는다면, 시간이 흐를수록 더 나은 통합교육을 실천할 수 있으리라 믿는다. 이 작고 소중한 마음의 씨앗을 앞으로도 정성스럽게 가꾸어 나가야겠다고 다짐한다.

교수 자료 수정

통합학급에서 정후와 함께 수업을 운영하며 특수교사와 적극적으로 협력하여 정후의 행동 특성과 필요에 맞게 교수 자료를 수정했어요. 같은 수업 주제 안에서도 수행 방법이나 교구를 조정하여, 정후가 통합학급 수업에 안정적으로 참여할 수 있도록 도왔습니다.

예를 들어, 실로폰 연주 활동에서는 정후가 수업의 흐름과 관계없이 실로폰을 반복적으로 두드릴 수 있기 때문에, 이를 예방하고 수업이 원활하게 진행되도록 실로폰 스틱의 헤드를 '폼폼이'로 바꿔줬습니다. 이러한 조정을 통해 정후는 즐겁게 활동에 참여할 수 있게 되었고, 수업 분위기도 안정적으로 유지될 수 있었어요.

또한, 글쓰기 활동에서는 지원인력이 라벨지에 써 준 단어를 떼어 활동지에 붙이게 하거나, 인쇄된 글자를 오려서 붙이게 하는 방식으로 과제를 수정하여 제공했어요. 이를 통해 정후가 친구들과 함께 활동에 참여하며 소속감을 느낄 수 있도록 했고, 동시에 소근육을 사용하는 조작 활동을 연습할 기회도 제공했습니다.

그밖에, 특수학급에서 일부 활동을 먼저 진행한 뒤 통합학급에서 완성하도록 하는 등 다양한 유형의 과제 재구성 방법을 적극적으로 활용했습니다. 이런 방식으로 정후가 통합학급 수업에도 더 주체적으로 참여할 수 있도록 유도했습니다.

정후가 통합학급의 한 구성원으로서 책임감을 가지고 참여할 수 있도록 역할을 부여했어요. 학생들에게 하루씩 돌아가며 '으늘의 천사'라는 일일 반장 역할을 맡도록 했는데, 이를 고려하여 정후에게는 'ㄴ-눔 천사'라는 별도의 역할을 마련해 주었습니다.

정후는 '나눔 천사'로서 수업 중 필요한 활동지나 가정통신문 등을 친구들에게 나눠주었어요. 이 과정을 통해 정후는 책임감을 기를 수 있었고, 통합학급의 친구들은 자연스럽게 정후와 상호작용을 하며 학급의 구성원으로 받아들일 수 있게 되었습니다.

최윤우 작가 │ **KTX의 아주아주 특별한 여행** │ 아크릴, 오일 파스텔 │ 50 × 40cm │ 2025

1. 문제행동: 학교나 가정에서 보이는 여러 가지 문제를 일으키는 정서적 또는 행동적 어려움을 의미한다. (전라북도교육청, 2022, 장애학생 위기행동 지원을 위한 길라잡이)

2. 블로킹: 문제행동이 일어나려 하거나 시작될 때, 신체적으로 개입하여 그 반응이 완료되지 못하도록 막거나 차단하는 절차이다. 주로 감각 추구 행동이 강화를 얻는 것을 방지하기 위해 사용된다. (이성봉 외, 2019, 『응용행동분석』, 학지사)

3. 손담: 구어로 의사소통이 어렵고, 수어나 보완대체의사소통 도구를 사용하는 데에도 어려움이 있는 중도중복장애학생들의 의사소통 교육을 위해 일련의 몸짓을 활용하여 개발된 상징체계이다. (교육부 국립특수교육원, 2019, 중도중복장애 의사소통 손담 활용 가이드북)

4. 응용행동분석: 환경에 적응하는 인간의 기본 원리를 이용하여 바람직한 행동을 향상시키거나, 문제행동을 감소시키기 위해 사용되는 중재 전략이다. (교육부 국립특수교육원, 2009, 특수교육학 용어사전)

5. 일반화: 어떤 과제를 학습한 후, 그 학습을 한 장소가 아닌 다른 장소에서도 그 과제를 수행할 수 있는 행동을 의미한다. (김미경, 2019, 『행동수정 및 긍정적 행동 지원의 이해』, 박영스토리)

6. PECS: 자폐성 장애 및 발달장애 학생이 자신의 의사를 자발적으로 표현하도록 돕는 보완·대체 의사소통(AAC) 방법이다. 학생이 원하는 사물의 그림 카드를 상대방에게 건네주고 해당 사물과 교환하는 훈련을 통해, 의사소통의 '개시'와 '교환' 원리를 습득하게 한다. (PECS 한국지사, https://pecs-korea.com)

7. 통합학급: 특수교육대상자와 또래 일반 학생이 함께 편성된 학급을 말한다. (장애인 등에 대한 특수교육법 제2조)

✦ 이해 작가

이해 작가는 마음의 움직임을 섬세하게 바라보고, 그 감정을 그림으로 표현하는 발달장애 미술작가입니다. 현재 벗이미술관 소속 작가로 활발히 활동하고 있습니다.

그는 자신이 느끼는 감정뿐 아니라 주변 사람들의 마음에도 깊이 공감하여 그것을 그림으로 풀어냅니다. 말로 표현하기 어려운 감정을 색과 선, 상상과 리듬으로 풀어내는 그는 '사랑을 그리는 작가'로서 자신만의 이야기를 만들어 갑니다. 따뜻하고 솔직한 그의 그림에는 무지개처럼 다채로운 색이 가득합니다. 그 색들은 모두 이해 작가가 느낀 감정의 조각이며, 이를 통해 그는 세상과 가장 깊고 진실한 방식으로 대화를 이어 갑니다.

"저는 사랑을 그리는 작가, 이해입니다. 서로 사랑하는 마음과 느끼고 싶은 감정, 그리고 제가 직접 느꼈던 감정을 머릿속에서 천천히 떠올리고, 그것을 이야기처럼 상상해 그림으로 표현해요. 그림을 그리고 있으면 그 감정들이 느껴져서 정말 행복해요. 제 그림을 보는 사람들도 즐겁고 행복했으면 좋겠어요. 음악을 들으며 그림을 그릴 때면 너무 신나고 즐거워요. 저에게 그림은 저를 지켜주는 수호신 같아요. 그리고 행복을 데려오는 마음이기도 해요."

이해 작가 │ 함께 날자 │ 아크릴 │ 72.7 × 72.7cm │ 2025

✦ 임우진 작가

임우진 작가는 일상의 풍경과 사람들을 밝고 섬세한 시선으로 담아내는 발달장애 작가입니다.

그는 자신이 경험한 공간과 순간을 현실감 있게 그려내는 동시에, 작품 안에 작은 유머와 숨은 요소를 배치하며 관람자에게 발견하는 즐거움을 선물합니다. 밝고 유쾌한 가정에서 자라난 자연스러운 에너지가 그림 속에서도 고스란히 드러나며, 나이에 비해 깨끗하고 순수한 감성이 돋보입니다. 우진 작가는 관찰력이 뛰어나 주변 사람들의 특징을 정확하게 포착합니다. 친구들의 얼굴을 단순한 형태로 그렸는데도, 그들을 아는 이들은 단번에 알아볼 만큼 세밀한 특징을 잘 담아 냅니다. 그의 작품은 상상보다는 현실을 기반으로 하면서도, 작품을 하나의 세계처럼 유연하게 확장하는 힘을 가지고 있습니다.

특히 2025년은 새로운 도전과 성장이 두드러진 해였습니다. 그동안 지하철과 버스 등 무생물 중심의 그림을 그려왔지만, '애들아 프로젝트'를 통해 동물이라는 낯선 주제에 첫걸음을 내디뎠고, 이를 자신만의 방식으로 유연하게 해석해 냈습니다. 더불어 올해 목표였던 협동화 작업도 멋지게 완성하며, 최윤우 작가와 함께 그림을 만들어가는 경험 속에서 표현의 폭을 더 넓힐 수 있게 되었습니다.

임우진 작가의 그림 세계는 이처럼 자연스럽게 변화하고 확장되고 있습니다.

"저는 제가 본 풍경이나 장소를 그림으로 남기는 걸 좋아해요. 기억에 오래 남는 순간들이 있어요. 그리고 그림 속에 작은 재미를 숨겨놔요. 그걸 사

람들이 찾아주는 게 재미있고, 제가 느꼈던 기분이 전해졌으면 해요. 아직

은 새로운 걸 그리는 게 어렵지만, 해보면 생각보다 재미있어요. 그림은 제

가 보고 느낀 걸 솔직하게 보여주는 방법이에요."

임우진 작가 | **꼭꼭 숨어라** | 아크릴 | 72.7 × 53cm | 2025

✦ 최윤우 작가

최윤우 작가는 포근하고 활기찬 가정에서 자라 그 에너지를 상상 속 세계로 자연스럽게 확장하는 발달장애 작가입니다. 그는 눈앞의 장면을 그대로 옮기기보다, 마음속에 먼저 떠오르는 이미지와 흐름을 따라 그림을 구성합니다. 윤우가 자주 말하는 "제가 상상한 건요"라는 말처럼, 윤우의 작품은 현실과 상상을 겹쳐 새로운 이야기를 펼쳐내는 것이 특징입니다. 그의 그림은 독창적인 구도와 강렬한 색감이 어우러져 하나의 장면을 넘어서 이야기 전체를 품고 있습니다. 서로 다른 요소들을 조합해 예기치 않은 화면을 만들어 내지만, 그 안에는 나이에 비해 성숙한 사실감이 자연스럽게 배어 있습니다. 초기에는 연필로 형태를 다지는 작업에만 집중했으나, '애들아 프로젝트'를 통해 다양한 재료와 색을 시도하며 표현의 폭을 크게 넓혀가고 있습니다.

2025년은 윤우에게 또 한 걸음 성장한 특별한 한 해였습니다. 기차, 차단기 등 무생물 중심으로 그리던 습관에서 벗어나, 동물이라는 새로운 영역에 도전하며 상상의 결을 더욱 풍부하게 쌓아 올렸습니다. 또한 올해 목표였던 협동화 작업을 멋지게 완성하며, 임우진 작가와 함께 화면을 만들어가는 과정에서 더 넓은 시각과 유연한 접근 방식을 스스로 찾아냈습니다.

최윤우 작가의 작업 세계는 이렇게 상상에서 출발해 경험을 만나며 점점 더 깊어지고 있습니다.

"제가 그림을 그릴 때는요, 먼저 머릿속에서 장면이 움직여요. 그걸 붙잡아두려고 여러 생각을 이어 붙이면 하나의 큰 그림이 돼요. 색을 쓰면 상상한 느낌이 더 또렷해지고, 이상한 조합도 그림 안에서는 자연스러워져요.

새로운 걸 그려보면 생각이 더 넓어지는 것 같아서 좋아요. 앞으로도 제 머

릿속에 떠오르는 장면들을 계속 그림으로 풀어내 보고 싶어요."

최윤우 작가 | **호랑이 마을의 비밀** | 아크릴 | 40 × 40cm | 2025

여전히 아이 곁에서 배우고 성장하며

아이들과 함께한 시간은 늘 도전의 연속이었습니다. 예상치 못한 행동에 당황하고 때로는 깊은 무력감을 느끼는 순간도 있었습니다. 하지만 흥미롭게도, 바로 그런 순간들이 우리를 더 깊숙이 아이 곁에 머물게 했습니다. 좌절처럼 보였던 그 자리에서 비로소 작은 변화와 의미 있는 성장을 발견할 수 있었습니다.

독자 여러분께서 책을 읽어 내려가며 느끼셨겠지만, 이 책은 거창한 이론이나 단 하나의 정답을 제시하는 지침서가 아닙니다. 그저 교실과 현장에서 수없이 부딪히며 나눈 고민과 성장의 기록이자, 그 속에서 힘겹게 건져 올린 희망의 조각들을 모아 엮은 이야기일 뿐입니다.

이 책이 지친 마음을 다독이는 따뜻한 위로가 되기를, 혹은 새로운 시도를 떠올리게 하는 작은 단서가 되기를 바라는 마음으로 한 글자씩 써 내려갔습니다.

우리가 전하고자 하는 메시지는 분명합니다.

'아이를 깊이 바라보고 그 마음에 귀 기울이는 순간,
이미 행동 중재는 시작되었다.'
'아이의 눈빛을 읽어내고 그 속에 담긴 질문을 알아차릴 때,
이미 변화는 시작되었다.'

선생이 되고 싶어 이 길을 선택했으나 아이를 만나면서 진짜 선생(先生)이 된 '소행성(소통으로 바람직한 행동을 성장시키는) 연구회' 선생님들은 지치고 흔들리는 순간에도 아이는 자라고 있으며, 우리는 그 곁에서 함께 배우고 있다는 신념으로 모였습니다. 더 많은 아이들과의 더 깊은 소통을 고민하며 이 길을 걷고 있습니다.

이 책을 덮는 지금, 이 여정에 함께해 주시지 않겠습니까? 아이 곁에서 함께 배우고 성장하는 아름다운 길을, 이제 독자님과 함께 걸어가고자 합니다.

2025년 12월
소행성 연구회

너를 만나 선생이 되었다

초판 발행   2026년 1월 5일 초판 1쇄

지은이   이해영, 김성호, 이희훈, 조당을, 강성아, 김혜선, 김혜진, 박서린,
　　　　　박하은, 유예진, 이아롬, 이정은, 이종하, 최지원, 한송희
그린이   이해, 임우진, 최윤우
펴낸곳   피앤피북
펴낸이   최영민
인쇄제작   미래피앤피

주소   경기도 파주시 신촌로 16
전화   031-8071-0088
팩스   031-942-8688
전자우편   hermonh@naver.com
등록일자   2015년 03월 27일
등록번호   제406-2015-31호

ISBN   979-11-94085-85-0 (03180)